愛情的吸引力法則

The Soulmate Secret

Manifest the Love of Your Life with the Law of Attraction

♥

艾莉兒·福特（Arielle Ford）◎著
祁怡瑋 ◎譯

獻給我的靈魂伴侶布萊恩·西里亞德。

你是我的靠山、安全網、落腳處，
也是我的跳板，讓我跳向人生的幸福美好。

CONTENTS 目錄

前言

十年前的我若能撞見你現在手中這本書，就太好啦！

那個時候，我是個四十歲的單身女性，身體健康，實現了作家夢，前途看好，如意事數之不盡。事實上，我的人生火力全開，只除了一個缺憾，就是尙未找到靈魂伴侶。那幾年間，艾莉兒（當時爲我的《心靈雞湯：關於女人》系列擔任公關工作）和我總抱著電話長談，悲嘆我們的困境。兩位善良、聰明、熱情的成功女性想不透，好男人都到哪兒去了？如果眞有一個「寂寞芳心俱樂部」，艾莉兒和我一定是貴賓級會員。

由於我們幾乎天天聯絡，我等於是坐在觀眾席第一排，親眼目睹艾莉兒將吸引力法則運用到感情生活上，然後一連串顯著的轉變接踵而至。她和布萊恩這麼好的一個男人建立了情深意切、相互扶持又豐富彼此人生的關係，著實鼓舞了我。而她能夠秉持這些永恆法則，到前線地帶（也就是親密關係這塊領域）去實踐，也爲我提供了賴以依循的清晰藍圖。艾莉兒找到她的靈魂伴侶一年後，我也找到了我的。

在《祕密》這部影片和著作中，我分享說我們多數人都莫名所以地向外追求財富、成功和親密關係，因為我們相信這些東西能帶來快樂。事實上，我發現應該要反其道而行——內心越快樂，就越容易將我們想得到的吸引過來。

每一天的每一刻，我們都在送出精神訊號給身邊的人接收。這說明了何以絕望的人會引來更多絕望，滿足的人則引來更大的滿足。如果我們想吸引快樂、熱情、自信的終生伴侶，我們就得先在內在產生這些感受。

這正是艾莉兒遵循的準則，她不只成功地將之落實在自己的人生中，還在本書中做出清楚、實在而富有啓發性的講解。此書引導你體驗愉快的過程與實用的練習，幫助你品嚐、擁抱目前人生中已然擁有的愛，同時在各方面做好準備，以求與他人分享這份愛。

你就要展開一趟美好的旅程了，容我請你將少一點的重心放在你即將從伴侶關係中「得到」的幸福，而將多一點的重心放在你想要「給予」這段關係的快樂、恩愛與滿足。請相信時機將會成熟，你越懂得愛自己，你的至愛便會猶如飛蛾撲火般受到你的吸引。在你身上看見愛、認識愛、感受愛，你內心的渴求終將獲得滿足，你將充滿感激。

愛你的　瑪西．許莫芙（Marci Shimoff）

推薦序

唯有在愛中，才能體驗愛的眞諦

我的好朋友、師長們和學生們都知道，幾年前，我曾經在感情上經歷了一段刻骨銘心的創傷，除了失去所愛和事業，更遭遇背叛，在生命旅程徹底絕望時，我開始研究「靈魂伴侶」這個令我痛苦的議題，試圖快速重新站起來。當時我憑藉的，除了身旁好友的支持外，更重要的，是透過我所專修的「能量治療學」。我在療癒自己的同時，也眞眞切切地施行了「心想事成法」。不到兩年光景，就達成也得到了心中想要的一切：愛、事業、財富、身心健康。當《祕密》一書和電影問市時，讓我驚覺這就如同我經歷的心得報告一般。所以，每次在訪談或教學時，若學生或節目主持人問我，爲何這個方法並不是對每個人都很準確？我總是回答必須利用前半段時間針對你的動機來練習與準備，這樣才能「心想事成」；否則，以能量學的角度來看，沒錯，你是會成功，不過，是你的恐懼「成功」了，而非你以爲的「幸福」成功了。

對每個人來說，「愛」都是一輩子的課題，也是主導生命一切成敗的關鍵。從我們出生開始，就得面對「分離」——從母體離開，所以，自此之後，我們始終渴望回到「一體」的感受中，渴望找到對象，以填補那份失落的感覺。其實，因爲孤單或失落感使然，而汲汲營營地想找到伴侶，都是驅使我們了解自身並實現本我的過程。一個在愛中尋訪自我的人，最後也會在愛中明白自我，因爲知道自己想要什麼才是最重要的。

本書中提到的大部分人，都在檢視找不到眞愛的原因，究其主因就是：

一、我不相信自己值得擁有一份完美的愛情。

二、我不愛自己。

三、我有許多情緒包袱。

我非常同意這個觀點，因爲這也是我在進行療癒工作時，每每會體會到的「背後的根源」。

而本書作者在充分了解之後，自己做了以下的改變：

……一直要到找出這些絆住我的問題，並且學會將扭轉情況的技巧運用在如此貼近內心的地方，我才看到了自己想要的成果。我開始在感情方面落實一切所學，包括實現法、心理學、靈性學和吸引力法則。在整頓家裡與心裡的同時，我的意向變得一清二楚。我學習並發明技巧、儀式、觀想法和祈禱詞，在身心靈、精氣神和住家各方面，幫助自己做好迎接美妙關係的準備，而這一切奏效了。在我開始認眞尋找靈魂伴侶後六個月內，我遇到了我的丈夫布萊恩。超乎我所有的期望與想像，他是我所渴求的一切，至今依然。

所以，當你可以充分克服這些問題並加以解決時，你的狀態就會改變，吸引愛靠近的情況也會和過去不一樣，甚至超出你的想像。你每一次的「設定」，都和內心深處的基本架構有關。

這本書中，同時也加入了我在教學中很重要的所謂「前半段」的基礎準備功，也就是自我挖掘、認識自我的過程。這種內在的清理，是非常重要的自我釐清，在不斷的挖掘下，直到不論怎樣的回憶和情況，我們都能「用愛來面對」，當中不再摻雜抱怨。

與其說這本書是爲了尋找靈魂伴侶，不如說，這是一本學習如何愛自己的入門書。因爲一個有能力愛自己的人，才有能力愛人，以及被愛。這雖然是老掉牙的新世代觀點，但是你若能親身體會，就會知道所言不假。而這也是我個人從能量和親身體驗中清楚明白的印證。

你可以在本書任何一個章節讀到許多愛情的「警世醒語」，非常有趣又發人深省。建議你，可以隨手記下你認爲對自己重要的話語，隨時閱讀，你會發現，你的內在會不斷有更深刻的明瞭，一旦你越明白，你就越有能量去愛，也就越能創造自我存在的空間來接觸愛。

如果你創造出空間，眞愛自會找上門來，就連最不可能的結合都變得有可能。其中最簡易的練習法則是：第一步是提問，第二步是相信，第三步是接受。

如果你覺得上述法則對你來說十分困難、不易實行，我可以轉而將其詮釋爲，第一步接受：接受你的現況。若不接受自己當下的情況，你無法學會愛自己。你只是一味想「改好」，那是把自己投入到幻象中。很多人在驗證吸引力法則時失敗了，原因都出在第一步「接受」。試想：倘若連你都不能接受自己，在這個世界上，又有誰能接受你呢?即使有人接受了你，你若無法接受自己，也可能日日提心弔膽地擔心被背叛，或者不斷懷疑他人。第二步是相信。信念是十分重要的，所以，相信有個人會等你，相信你是値得被愛的，相信你有愛，相信你就是愛。第三步是提問，也就是提出你的問題與渴望。接下來就依照書中的做法，再相信，再接受，這樣反覆練習六次，你會發現自己的狀態已越來越不一樣，愛也越來越圍繞著你。這是因爲你渾身充滿著愛，有愛的感覺，自然就能吸引愛靠近。記住：愛是需要以愛來相互連結的。

獻給每個在愛中體驗生命美好的人，不論這些體會是心酸痛苦，或是刻骨銘心；不論是美好的記憶，或是心碎的回憶，這些，都只是爲了讓我們更明白愛的眞諦。

上官昭儀

ICEM 色彩能量管理學創辦人

臉書粉專「上官昭儀幸福道」facebоо.com/IsabelleChaoYiShangkuan

尋找你的幸福之道

靈魂伴侶智商測驗

針對每個問題，回答是、否或不確定。

- 你相信你的靈魂伴侶就在某處等著你嗎？＿＿＿＿＿＿
- 現在、此刻，你是否準備好要遇見你的靈魂伴侶了？＿＿＿＿＿＿
- 如果你的靈魂伴侶有能力透徹地了解你現在的人生，對於他將觀察到的，你是否感到自豪？＿＿＿＿＿＿
- 你是否在身心雙方面都處於遇見靈魂伴侶的最佳狀態？＿＿＿＿＿＿
- 家人準備好接納你的靈魂伴侶了嗎？＿＿＿＿＿＿
- 你是否有張清單，列出你希望靈魂伴侶擁有的十項首要特質？＿＿＿＿＿＿
- 你是否經常流露出你相信你的靈魂伴侶會喜歡的特質？＿＿＿＿＿＿
- 過去的戀人是否仍舊迷戀著你？或你仍舊迷戀他們？＿＿＿＿＿＿
- 倘若永遠不會遇見靈魂伴侶，你是否能夠釋然？（你是否真的相信沒有那個人也能擁有美好的人生？）＿＿＿＿＿＿

這些問題的答案只要有一個是否定的，就表示你可能不自覺地阻擋了靈魂伴侶的到來。本書會協助你排除障礙，引導你尋獲真愛。

序言

從聽到人生第一個愛情故事起，
我就開始尋你，
殊不知這有多盲目。
相愛的兩人不待相遇，
他們一直在彼此當中。

——波斯詩人　魯米

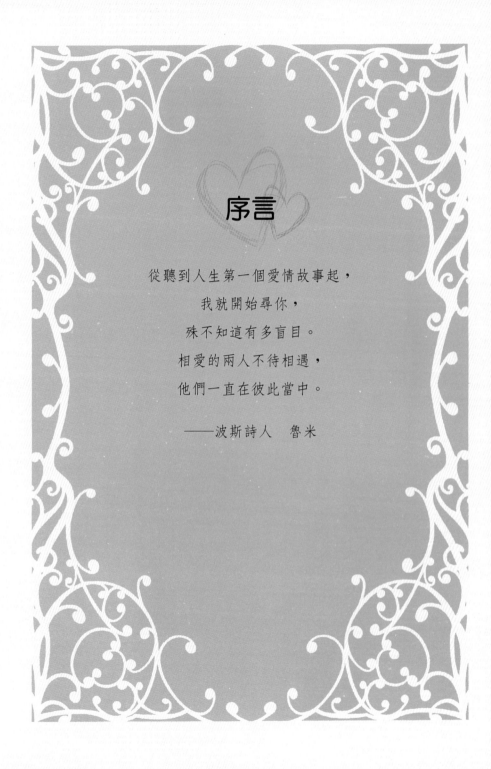

你可曾納悶爲了與今生眞愛相逢，得要付出些什麼？找到愛你、珍惜你、欣賞你的終生伴侶，是你的夢想嗎？如果你渴望擁有一位靈魂伴侶，本書將告訴你如何運用吸引力法則，讓你在身、心、靈各方面都準備好迎接至愛的到來。

我一直到四十四歲，才遇見靈魂伴侶而步入婚姻。這一路走來，關於什麼在浪漫愛的世界裡可行，什麼又不可行，我學了許多。我交往過控制欲強烈的男人、具有被動攻擊性格的男人、忽視我的男人，還有讓我感覺自己微不足道的男人。換言之，我愛夠了錯的人！但我也發現一套賴以吸引深刻、熱烈之愛的準則，我稱之爲「靈魂伴侶密碼」。

這個奇妙的宇宙本來就是設計好，會將跟我們信念一致的人和體驗帶來給我們。如果你不相信終將覓得屬於自己的「唯一」，猜猜看會怎麼樣？事情將如你所想，你恐怕就眞的找不到。然而，如果你學著相信對的人就在世上某個角落，而且也正在找你，那麼，你等於是爲眞愛敞開了大門。

我祖母曾說每只水壺都有一個蓋子，換言之，每個人一定都有一個能和自己完美契合的伴侶。即使如此，我必須承認在三十多歲時，我曾無數次質疑她的主張，因爲我的水壺還沒找到蓋子！人生的那個階段，我在家工作，唯一接觸到的男人不是郵差就是快遞或宅配送貨員，而且他們大多已婚！

有一天發生了一件小插曲，十足鞏固了我的信念，讓我相信我的靈魂伴侶就在這世上，就在某個地方。當時我正在看《歐普拉脫口秀》，節目來賓是芭芭拉．史翠珊，那陣子她才剛與詹姆斯．布洛林譜出戀曲。我記得自己心裡想著：這可是個超級有錢、舉世聞名的天后，據說很難相處，實際上也無法接近，有多少男人配得上她？接著我明白了，如果世上能夠找到與她匹配的人，那麼我要找個伴可不是易如反掌！那一刻眞是福至心靈，我頓悟到如果我們的宇宙許給芭芭拉．史翠珊一個完美男人，那我的靈魂伴侶也一定存在。不過，一樣地，我還是得多親幾隻青蛙，直到最後遇見王子。

一九八〇年代初期，我住在佛羅里達州的邁阿密，和一個很可愛但有瘋狂控制欲的科學家交往。我確定一定有什麼辦法，可以把他變成一個和氣、體貼、好相處的人。當然，我大錯特錯了。爲了理清頭緒，我去找邁阿密海灘一個有名的靈媒算命。我有把握她會跟我說只要堅持下去，我的青蛙就會變成王子，我們分分合合的關係也會穩定下來。但出乎意料的，她的預言猶如當頭棒喝。她說我在六個月內會搬去加州，此後都會住在太平洋沿岸地區。當時，瘋狂科學家和我已經分手，但我還認爲我們會復合（很高興我們沒有，稍後你會知道爲什麼）。

幾週後，我意外丟了工作。我大吃一驚，從沒料到會這樣。其中一位主管很訝異我被開除了，他私下告訴我他打算辭職，好投入一個新的大案子。他說他不出六個月就能僱用我，因爲我是那份工作的完美人選。只要我願意，邁阿密這裡有份工作等著我回來，我頓時放心了，覺得這是出門去冒冒險的絕佳時機。我決定搬去洛杉磯住六個月，以前我去過那裡一次，非常喜歡。幾天後，我的行李打包好了，出發來到一個沒有朋友或工作夥伴的城市。長途的飛行航程中，我讀了夏克蒂·葛文（Shakti Gawain）的《心想事成：創造性視覺法》，學到透過觀想與感應來體現周遭情境與事件的基本技巧。我也讀了一本叫做《自我之鑰》的書，是凡妮莎·布魯德沃斯博士（Venice Bloodworth, Ph.D.）於一九五〇年代的著作，其中蘊藏了許多有關禱告與顯靈的深刻智慧。在洛杉磯時，我去了一所新思維教會，在那兒學會一些將好事吸引過來的每日祈禱詞。所有這些技巧都奏效了！

不出幾週，我找到一份好工作，和室友愉快地住在一起，也交了一些新朋友。接下來幾年，我持續運用這樣的技巧，爲我的職業生涯及生活狀況加分。但說到感情，我就沒輒了。

我去接受一些諮商、做心理治療、參加各種自我成長團體之後，終於明白有些問題在阻礙我得到眞愛：

1. 我不相信自己值得擁有一份完美的愛情。
2. 我不愛我自己。
3. 我有許多情緒包袱。

一直要到找出這些絆住我的問題，並且學會將扭轉情況的技巧運用在如此貼近內心的地方，我才看到了自己想要的成果。我開始在感情方面落實一切所學，包括實現法、心理學、靈性學和吸引力法則。在整頓家裡與心裡的同時，我的意向變得一清二楚。我學習並發明技巧、儀式、觀想法和祈禱詞，在身心靈、精氣神和住家各方面，幫助自己做好迎接美妙關係的準備，而這一切奏效了！在開始認眞尋找靈魂伴侶後六個月內，我遇到了我的丈夫布萊恩。超乎我所有的期望與想像，他是我所渴求的一切，至今依然。

無論是誰，不分年齡，只要你願意全面地做好準備，讓自己配得上你所尋求的對象，就有得到眞愛的可能。打開這本書，你已經邁出了重要的第一步。浸淫在本書描述的技巧、儀式、祈禱詞與計畫當中，你將會把各方面調整到最佳狀態，吸引你的夢中情人來與你相遇。本書是一本完全指導手冊，能讓你爲完美的人生伴侶在身心靈、精氣神和住家都做好準備。

我堅信若要在人生任何一個領域獲致成功，信念與行動缺一不可。我的首要目標是爲你灌輸信念，讓你確定靈魂伴侶不僅存在，而且如你一般急切地想要尋得眞愛。而在準備遇見靈魂伴侶的同時，你還有許多事情要做，所以幾乎在本書的每一篇章中，都有既務實又積極的做法。

如果你創造出空間，眞愛自會找上門來，就連最不可能的結合都有可能。拿我婆婆佩吉的故事來說好了，在與前夫結縭五十五載又守寡五年之後，八十歲高齡的她決意要找個老伴。不出幾個月，佩吉遇見了約翰。當時是鰥夫的約翰之前曾有一段超過五十年的婚姻。現在，佩吉和約翰就像熱戀中的青少年，在他們的黃昏歲月中重新發現戀愛的喜悅。無論你是十八歲或八十八歲，大可以活到老、愛到老。

何謂靈魂伴侶？

「靈魂伴侶」一詞或許能引起你的共鳴，或許不然，讓我來界定一下當我採用這個字眼時，究竟是什麼意思。靈魂伴侶是與你有著深切連結與深刻關係的人，在他面前，你完全能夠做自己。他是你無條件愛著的人，同時他也無條件愛著你。感性但不濫情地說，靈魂伴侶是「讓你完整」的人。

李察吉爾與蘇珊莎蘭登主演的電影《來跳舞吧！》，有一幕很精采，莎蘭登所飾演的角色描述起她何以很高興能與自己的靈魂伴侶結合。她說：「我們需要有個人見證我們的人生。地球上有數十億人口……我是說，區區一個人的人生算什麼？但在婚姻中，你允諾要關注每一件事，不管好的、壞的、糟糕的、尋常的，一切的一切，隨時隨地，每天每天。你等於是在說：『你的人生不會受到忽視，因爲我重視。你的人生不會沒人見證，因爲我在場。』」無論你是否相信靈魂伴侶的概念，本書會讓你準備好去體現莎蘭登那個角色口中的眞愛。

觀想不夠，還要摹想！

在讓自己準備好迎接完美伴侶的過程中，有個環節是我自創的一套功夫，叫做「摹想」。有些人可能會稱之爲觀想，但我認爲摹想是更準確的說法。能做到觀想還不夠，你必須摹擬出你想創造的情境，讓每個細胞沉浸其中，好把這個結果吸收過來。掌握住這種吸引力的不是觀想出來的畫面，而是存在於每個細胞中的摹擬感受。

舉例而言，假設你渴望擁有一輛昂貴的豪華房車，但不知該從何處籌錢。你能具體想像這輛車的各個細節，甚或日復一日、週復一週、月復一月的在腦海中上演你就坐在方向盤後的畫面。但倘若你並沒有打從心底相信自己值得擁有這輛車，或是觀想的動作並未帶來喜悅，而是引發焦慮，美夢恐怕就不會實現。你必須摹擬出開著這輛車的感覺，讓身體每一處細胞知道你完全値得擁有，而且就某種程度來說，它已經是你的了。這是何以我稱之爲「摹想」的原因。當你將那些你渴望與靈魂伴侶共同經歷的感受培養起來，彷彿這些感受已經存在於你的行走坐臥之間，你便會自然而然受到引導，最終將帶領你找到他的念頭與行動就會隨之油然而生。事實上，幾乎在我人生的每個重大抉擇上，摹想的技巧都派上了用場。

在我展開職業生涯之初，並非很清楚自己想要什麼，但我始終確定心願得遂會是什麼感覺。比方說，一九八四年我搬到洛杉磯時，當時我需要一份工作。年輕的我對這座全球娛樂首都一無所知，不知道該找哪種差事，但百分之百確定我想要一份能讓自己感到滿足、充滿創意、薪水優渥的職業。於是，每天兩次，我會躺下來閉上眼睛，讓全身上下都摹想一下從事這份工作的滋味——樂趣、創意、發揮所長、付出與收穫成正比。如此這般，我在十天之內即找到了理想的工作。我也藉由這樣的技巧張羅住處，而且不只得來很棒的公寓，還得來一個堅持做所有家事的室友！

在邂逅布萊恩之前，我每天舉行我的摹想儀式。一到日落時分，我便點燃幾根蠟燭，放一片最

> 「我愛你，因為我需要你」
> 是幼稚的愛；
> 「我需要你，因為我愛你」
> 是成熟的愛。
>
> ——德國哲學家弗洛姆

愛的彌撒音樂，坐在舒適的大椅子上，閉上眼睛，沉浸在擁有一個靈魂伴侶的種種喜悅中。我會讓身體每一處一同體驗這些美妙的感受，甚至在當時，我就已經知道他正在前往我這裡的途中。（有時候腦際會閃過他實在遲到太久了的念頭，但我會放下這樣的思緒，回到恩寵的感受中，深知他絕對會出現。）

進行摹想還有一個額外的好處，就是讓你放鬆，進而也有助於健康。你不妨利用早晨的寧靜時刻和上床睡覺前對自己吟誦。或者，如果你有興趣，可以上我的網站http://www.soulmatesecret.com/audio 下載有聲檔案在家聆聽。

要從摹想當中獲得最大效益，我的建議是：

✔在一間不受任何人、寵物或電子設備干擾的房間裡，躺下來或坐在舒適的椅子上吟誦。

✔拉上窗簾，點上蠟燭，外界如有許多噪音，則戴上耳塞。

✔一天一次或一週一次，全憑你自己決定。

最後，如果你下載了有聲檔案，請勿邊開車邊聽，因爲那是用來在家裡閉上眼睛、心無旁騖地聆聽的。

無論你等待靈魂伴侶的到來已經幾個月或幾年了，本書將給你實現眞愛美夢所需的知識與工具。

出發囉！

艾莉兒．福特於加州拉荷雅

第一章

信念

你要做的不是尋尋覓覓，

而是找出內心所有阻撓了真愛的障礙。

——魯米

史黛芬妮的故事

心碎、不再相信

我和某人陷入熱戀，全心全意相信他就是我的眞命天子。在正式交往前，我們做了十五年的朋友，兩人就像手和手套般契合。他是企圖心旺盛的好萊塢製片，我們在各方面都很合得來，甚至開始採買家具、論及婚嫁。後來我才發現他始終腳踏兩條船，我的心碎成片片，簡直就要停止跳動了。我從來不曾爲失戀哭成那樣，因爲我眞的以爲他就是我的靈魂伴侶。當下我斷定所有的好男人要嘛已有對象，要嘛不住在我那座城市，或許我應該搬家？我很難過地相信自己將再也無法找到一個能夠眞正了解我（而且愛我）的人了。誰能看到我既是個認眞工作的女性，也是個懂得享樂的女孩，骨子裡還是個溫柔的情人呢？我放棄了。

【別轉臺，這個故事的結局美好得冒泡！】

史黛芬妮的故事反映了許多人在人生某個時刻會有的感受。經歷過幾段（或多段）失敗的戀情之後，我們很容易自我封閉、自我放棄，也不再相信對的人就在世上某個角落。我們內心深處渴望戀愛，但我們的腦袋卻堅持那是不可能的，於是我們陷入一場自我拉鋸戰。就像自己的某部分在吶喊：「對！我值得一份美好的戀情！」而另一部分卻堅稱：「我永遠也找不到那個人。」當信念與渴望互相矛盾時，內在的衝突不只會使我們氣餒，還會阻止我們相信眞愛就在身邊的可能性。

放諸四海皆準的吸引力法則告訴我們，我們會將呼應自身內在狀態的人、事、物吸引過來。換言之，我們相信什麼，就會吸引到什麼。如果我們相信人間處處有溫暖，相信我們値得付出、接受這份眞情，那麼我們吸引到的人際關係將不同於一個認爲人情淡薄、覺得自己不配擁有幸福的人。如果我們相信這世界是個慈愛而友善的地方，那麼大部分時候我們經歷到的就會是慈愛與友善。如果我們相信這世界是個一團混亂、充滿壓力的恐怖地方，那麼我們所遭遇的實際情況就眞的會是這樣。所以，相信、認定靈魂伴侶確實存在，是將他帶進你人生的關鍵第一步。

如果你還不是百分之百確信，那麼你就必須去找尋能夠說服自己的證據。當你內心深處由衷地相信靈魂伴侶的存在，他來到你生命中的方式便將不受任何限制。舉我的朋友楚蒂爲例，她要找一顆沒有瑕疵的甜瓜時，在有機超市的農產品陳列架前邂逅了她老公。又比方我以前的同事派翠西亞，她最要好的朋友死拖活拉逼她爬下床去參加一場派對，結果她在那兒的衣帽間結識了未來的夫婿。蓋兒．賽咪娜拉─曼德爾的遭遇又怎麼說？在之後的篇章中，你將會讀到她的故事。某個跨年夜，臉上坑坑疤疤、剛做完臉、穿著運動長褲的蓋兒，在健身房騎腳踏車做運動，結果旁邊的人就是她日後的老公。你也會讀到尚．洛奇的故事，他結束一趟爲期三週的澳洲之旅搭機回國，還不知道能否找到合適的對象成家，說時遲那時快，飛機走道上有人爆發口角，他站起來反駁那名措辭惡劣的無理乘客，爲空服員挺身而出，結果發現自己正望著未來妻子的眼睛。還有摩托羅拉的總裁大衛．布朗，你認爲他料想過有一天早上醒來，會有一組手機號碼從他腦海浮現，然後他會傳一則簡訊過去，結果和那名手機持有者搭起友誼的橋樑，最後墜入愛河嗎？

重點是，你不需要知道靈魂伴侶會在何時何地如何出現。你現在唯一要做的是鞏固信念，讓自己漸漸開始相信對方眞的存在，當時機成熟時，你們就會找到彼此。

年復一年，你可能不知不覺地累積了一些負面的自我觀感，這也是需要加以排解的。比方說，在內心深處，你相信自己是惹人喜愛的嗎？如果你正在讀這本書，我就肯定你是。爲什麼呢？因爲受人喜愛的人總是希望在人生中得到更多的愛。但如果你認爲自己不惹人喜愛，那就必須開始挑戰這樣的自我認知。我認識的許多單身人士都既有魅力又有成就，但說到要找靈魂伴侶時，他們卻對自己有著非常負面而狹隘的觀感。他們往往有這樣一張缺點清單：

我太老了。

我太胖了。

我受傷太重了。

我有太多包袱了。

我不夠成功。

我太成功了。

好的對象都被挑走了。

我愛的人是不會愛上我的。

就是這些不假思索的藉口把我們困住了。有太多證據顯示愛不分年齡、體重、收入，也無關乎任何我們自認爲限制住我們的因素。不管背負著什麼樣的過去，我們可以選擇相信曾經走過的一切，都是爲了找到眞愛所做的準備。

我的朋友琳達．席維特森四十三歲時結束了長達十九年的婚姻，悲傷過後的她如今是活生生的證據，說明獲得幸福關鍵的第一步，就在於相信你所渴求的眞愛確實存在。

琳達的故事

梅開二度預言尋寶圖

當時是春天，我和丈夫之間一切都好，事實上從來沒那麼好過。是因爲天氣風和日麗的關係嗎？還是在時間的洗鍊之下，我那大男人主義的丈夫也變得圓融了起來？他不再易怒，也不再那麼愛找我麻煩了。他不再大吼大叫，不再對我爆粗口，也不再爲了一些雞毛蒜皮的小口角威脅要離開我——至少不是那麼頻繁了啦！我曾讀到的資料上說隨著年歲增長，雌激素增加、雄激素減少，會讓男性比較沉著冷靜。那我眞要對中年說聲謝謝你，如果你帶來的將是和諧融洽，我很樂於多幾條皺紋，少幾趟雲霄飛車般的起伏動盪。

然而，我的內心深處還是很難過。成年以後，我始終渴望知道擁有一份毫無感情障礙、不須提心吊膽的伴侶關係是什麼滋味。我渴望站在心愛的人面前，我們純粹、開放的心雙雙爲彼此保留一個空間。但我已得出這種珍貴易碎的愛並不屬於我的結論，誰叫我要嫁給一個只交往八週的陌生人呢？這是理所當然的結果啊！我能期望一條更好走的路嗎？話說回來，又有誰的人生是容易的呢？

雖然有數不清的不愉快，我們還是建立了不錯的生活。他說我是他最好的朋友，我們之間常有歡笑，也有許多共同點，還有一個我們深愛的兒子，讓我們的缺乏激情變得比較可以接受。我們養育孩子的觀念大相逕庭，這對雙方都造成極大的痛苦。但兒子就快上大學了，我們終於有時間和金錢去旅行，可以脫離爲人父母的壓力，好好了解彼此。儘管我對兩人的未來不無疑慮，但或許在這突如其來的平靜過後，會有更上一層樓的親近與親密？或許有一條可行的途徑，通往我心裡一直渴望的愛，那種存在於互許終生的兩個人之間的愛？

但就在結婚十九週年紀念日前三天，我發現了丈夫快樂的泉源——他有外遇。對方帶著兩個年幼的小孩住在另一州，他們「需要」他，他們讓他覺得自己活著。他們之間的牽繫足以讓他離開我、離開「我們」，很快地搬到一千兩百英里之外。我的計畫、我的美夢、我們的未來瞬間瓦解。他奔向那閃閃發亮的光明前程，被拋諸腦後的我則蜷縮成一團，為失去家庭（可能也要失去住處）而悲痛，同時努力趕在期限內完成最繁重的工作，卻又好幾個月幾乎沒有睡覺。最恐怖的是什麼？是不要讓我們那正值青春期的兒子崩潰，他覺得這種情況就像是有一顆核子彈在家裡客廳爆炸。

我每天悲不可抑。三十幾歲失去雙親時，我就已經學會沉溺於哀痛中。鄰居看見我蹓狗，蹓著蹓著眼淚便滑下臉頰。我知道如果我不清除心裡那些黑暗、彆扭、不平衡的地方，隨著時間過去，痛苦只會更加膨脹。我不時地埋在枕頭裡哀號狂叫，激動得沒有力氣爬起來站好。我知道如果不將這個男人、他的背叛、我們失去的生活從我的每一根神經裡拔除，我就會變成一個情感殘廢的人，僅存一點點自尊，此後都對男人、愛情和我曾經如此相信的婚姻體制深惡痛絕。

但過了四、五個月，我也體認到另一個事實——我的前夫釋放了我。他等於是幫了我一把，因爲「眞愛」在別處等待，而且是那種我總希望能發生在我身上的眞愛。我感覺得到，於是我開始慶幸，感謝那個女人奪走了我前夫的愛，如此一來，我就自由了。我妹妹打趣地說我應該送花給她，因爲獨自一人的我開始感受到一種祥和安寧，超越所有婚姻生活曾帶給我的喜悅。

我除了開始相當享受獨處的清靜，也能感覺到「他」——我的靈魂伴侶，非但離我不遠，而且會爲我已經享有的快樂加分。我知道他會滿足我內心從不曾自婚姻中獲得滿足的需求（我想，就像我前夫的女友滿足他那樣）。「我感覺有某個特別的人要出現了，」我告訴我的心理醫生：「可是我還沒準備好。我知道我需要很長的時間療傷。」「琳達，」她說：「你有那麼多的愛要給出去，我的判斷是你已經準備好很久了，甚至準備好很多年了。」當朋友們說我應該要有一年的時間別太認眞跟誰交往時，心理醫生的話鞏固了我內心的認知。我不在乎其他人說什麼。我沒心情浪費好幾個月或好幾年時間，爲了保護自己而裹足不前，只因別人認爲我應該這樣才能復原。如果「眞愛」已經上路，我可不要讓任何因素阻止眞命天子來到我的世界。我要整頓生活，爲他清出一塊空間，讓他窩在我知道我仍舊給得起的濃情蜜意裡。

我加入了一個健身俱樂部，開始和姊妹淘出去玩。我讓自己走出去，開始隨性地約會，而且常常有約。我還尚未準備好要和任何人有肌膚之親，除了幾個吻以外。我也不帶任何人回家去見我兒子。我和男士們的關係主要是輕鬆、無負擔的愉快友誼，他們幫助我想起如何打情罵俏、敞開心扉。但在表面上的隨性底下與有時顯得荒謬的白費功夫背後，我全心全意在找一個伴。畢竟，我可是走出去跟人約會了耶！怎能一無斬獲呢？我想像他站在我背後，兩隻手臂環抱著我，親吻我的後頸。我能感覺到他，彷彿一個眞人就在那兒。我毫不懷疑，每天他都更靠近一點。這也讓我很難不成天想著當他出現時要如何認出他來，所以我決定採取行動。

第二天，我的摯友艾莉兒．福特和她老公布萊恩（這兩人在我離婚後雙雙加入「琳達啦啦隊」，送我改善情緒的音樂，並不時爲我打氣）給了我一套「靈魂伴侶工具組」，當中鉅細靡遺地教你如何繪製最有效的靈魂伴侶尋寶圖。我可等不及要進一步看清楚在人生中擁有他，將是何種情景了。

幾年前我就做過幾張這種尋寶圖，其中一張的主題是我希望擁有的家（眞的實現了，而且和夢想中的極爲相似），還有一張則是我的寫作生涯（結果也很不賴）。事實上，當時的我可著迷了！我剪下了好多額外的文字和圖片，放了幾百張在盒子裡，準備下次拿來用。我得找出那個盒子！它肯定就塞在某個衣櫥深處。

我把一塊帆布塗成紅色，花了幾小時瀏覽雜誌，也從我之前剪下的素材中找尋完美的花樣。我要把這張尋寶圖做成一件藝術品，簡單大方又美麗，以文字和圖片呈現出我想創造的感受，例如，「恩寵」「眞實」「負責」「盡心盡力」「好看」「世上最棒的地方」（指的是四隻赤腳在被子底下從床尾伸出來），還有「心有靈犀一點通」。

然後，當我在盒子裡翻來找去時，發現了一件耐人尋味的東西。那是一大張藍底白字的剪貼素材，上面寫的是「克里斯」（Chris）。太奇怪了，這名字怎麼會出現在這裡？我確定之前除了我和前夫的名字外，我不曾剪下其他人的。呃……這太瘋狂了，因爲上週我才和一個名叫克里斯的男人共度美妙的約會時光。但他正忙於在工作上轉換跑道，所以我們沒有約定下一次何時再見。我希望他跟我聯絡，但很懊惱地漸漸接受了他可能不會的事實。這是某種徵兆嗎？天啊，但願如此。到目前爲止的約會對象當中（或者，老實說，在我十九年婚姻期間認識或見過的所有人當中），他是最靈魂伴侶是我們覺得與自己有深刻連結的人，就好像雙方之間的溝通與交流不是刻意努力的結果，而是一種天賜的恩典。這種關係對靈魂來説至關重要，而靈魂又是許多人認為終其一生最為珍貴的東西。

——愛爾蘭詩人　湯瑪斯・摩爾

吸引我的。

幾年前曾剪下克里斯這個名字一事，讓我心煩意亂了幾個小時。那可不是小小的一張，甚至比其他多數我剪下來的東西還要大很多。（過去一年，我脖子上都掛著一塊聖克里斯多福（St. Christopher）徽章，那是前夫離開前我買給自己的禮物。這讓那張克里斯剪貼又顯得更像一個好兆頭。）最後，我唯一能想到的解釋，就是我可能有一次在雜誌上看到「聖誕節」（Christmas）這個字，於是爲最要好的朋友黛安剪下前半部分，以備我有一天要幫她做一張尋寶圖，因爲她老公的名字就叫克里斯。問題是，我從不曾幫她做尋寶圖，也不曾計畫要做，而且恐怕永遠不會做。

接下來幾天，我埋首於廚房忙著烹製我的靈魂伴侶尋寶圖，一修再修，直到終於可以端上桌。某個週二下午，我把尋寶圖帶到我樓上的房間釘在牆壁上，讓我的大作從床鋪這頭掛到另一頭。我小小禱告了一下，希望它能將理想中的男人帶到我的世界裡。我摸了摸尋寶圖上的每一個圖案，然後收手任由它掛在那裡，試著相信我的尋寶圖具有神奇的魔力。

就在那天傍晚，克里斯打電話來了。他說他工作了一天，壓力很大頭很痛，正準備跳上車去兜兜風。「你何不開來我家？」我脫口而出，完全沒顧慮時間已晚，而我又住在四十分鐘車程以外的地方；也沒想到女生往往會要男生提早打電話約定見面時間的規矩。「忘掉規矩吧！」我想：「我都四十三歲了，而且想見這傢伙想得心都痛了！」

克里斯來了，我拿了一些剩菜給他吃。就在那晚，我們一拍即合，從此誰也離不開誰。這下子，我的白馬王子和我陷入熱戀。再過幾週，我的離婚手續即將辦好。克里斯和我常常談到共度人生。他第一次看到我的尋寶圖時，著迷地研究上面的每一部分。幾週後，他又看起那張尋寶圖，我有點緊張地告訴他盒子裡有他名字的事。「你怎麼沒貼上去？」他說。「眞的要嗎？你確定嗎？那是跨出很大的一步喔！」我笑著說。第二天，我給他看有他名字的那張剪貼，問道：「你想放在哪裡？」他看了看尋寶圖，叫我貼在婚姻那個區塊。我看看他，想知道他是不是在開玩笑，但他只是微笑著重申他的決定。於是，我開心地貼了上去。

時間將說明克里斯和我會不會眞的結爲連理，共度餘生。我無法想像除此之外的結局，他是我在尋寶圖上勾勒的一切，甚至超過我所期望的。但客觀而言，就我看來，「永遠在一起」不見得是重點。畢竟，我嫁給我的前夫，認爲我們會是終生伴侶，海枯石爛至死不渝。然而人生很長，人是會改變、會成長的。不論能否終成眷屬，克里斯已經爲我的生命帶來深沉、刻骨的歡樂、熱情與溫柔。這段感情發揮了療癒的力量，爲我洗去無盡的憂傷。他的愛也給我安全感，讓我有自信和前夫建立良好的溝通關係——不只爲了兒子，也爲我們多年來共享過的美好時光。

正如我在尋寶圖貼上的圖片和文字，克里斯看著我的樣子，讓我覺得自己被愛、被仰慕、被欣賞、被深深地渴望。爲了回應他，我給他一樣的愛與欣賞，更因此感受到自己的完整，體驗到一種前所未知的伴侶關係。現在，當我在廚房忙或在刷牙時，他常常從背後走來抱住我，吻我後頸。對我來說，沒什麼比這更美妙了。

婚姻破碎之後，琳達大可向她先前「眞愛並不屬於我」的想法投降。相反地，她選擇相信壞事發生自有正面的原因——通常是爲了清出空間，讓給正在趕路來的好事。我設計了以下的摹想活動，幫助你釋放舊有的、畫地自限的、可能阻礙你得到眞愛的自我認知，以及你對其他人和這個世界的負面觀感。別忘了，你可以對著自己唸誦，也可以從 http://www.soulmatesecret.com/audio 下載檔案，閉上眼睛聆聽。

摹想

釋放舊有認知

一開始，先花一點時間回憶最糟糕的戀情——那些對你不好的人、不疼愛你的人、你想要忘掉的人、傷害你最深的人、辜負你信任的人、害你封閉起內心的人。

現在，想像這些舊情人都站在你面前，感受一下過去他們帶給你的痛苦。

花一點時間問問自己，是什麼樣的自我認知讓你容許了他們的行為？是因為你自認不值得擁有更好的？你自認沒有權利要求更多？你自認不討人喜愛？

現在，深呼吸一口氣，問問自己：「我願意釋放這些舊有的認知嗎？」留意答案是什麼。如果你真的準備好要放下過去的自我了，就想像一下你將這些舊有的、痛苦的感受、認知和限制收集起來，在腦海裡朝站在你面前的舊情人丟過去。想像把過去那些痛苦一股腦兒倒在舊情人身上，同時留意一下這麼做感覺起來如何。

現在，想像你手中有一個噴霧罐，就像一罐噴漆那樣。想像你拿著噴霧罐對著那些舊情人，等一下你就要按下按鈕、噴出噴霧。這麼做時，所有那些人和痛苦回憶都將凝結成一團，變成一大顆乳膠泡泡。

花一點時間享受噴出噴霧、把負面的回憶、經歷和認知都凝結成一顆泡泡的感覺。那些廢棄物現在和你分開、脱離你了。深呼吸一口氣，享受解脱的自由！

現在，想像你的左手握著一根又長又尖的針。說不定你已經猜到我要叫你做什麼了，所以你會心一笑。沒錯，準備好之後，就用這根針刺破那顆乳膠泡泡，看著它爆開來消失在空氣中。

這些人此刻已從你的腦海中蒸發。連帶的，那些痛苦的心情、想法和經歷也不復存在。感受一下不再背負著過去的包袱是什麼滋味。感受那份自由，感受那些嶄新的可能，感受那種解脱。

深呼吸一口氣，注意當我問你下列問題時，心中浮現什麼念頭。

為了吸引和你共度一生的靈魂伴侶，你希望對自己抱持什麼樣的觀感？

你願意相信並認同自己是受人喜愛、值得被愛、魅力無窮的嗎？

在內心深處相信並認同真愛為你而存在，你的渴求應該獲得滿足，你也值得付出愛、得到愛。

如果你今天還不能完全做到這樣的自我肯定，那就先試試看能否相信真愛必將來臨、而你的意念將一天比一天清晰。

利用這次機會，想一想你所具備的特質。爲免你一時想不到，容我提醒你，那就是你能給予他人、與人分享的愛，以及你散發出來的善意與溫暖，更別提你還有其他種種才能了。

你是生來被愛、被珍惜、被欣賞的。

你是生來被愛、被珍惜、被欣賞的。
你是生來被愛、被珍惜、被欣賞的。

對自己重複這句話七次，讓它深深滲透你的心。

說到底，你要做的並不是預測靈魂伴侶將如何出現，而是讓自己願意敞開心扉，準備好接受靈魂伴侶的愛。就像你不確切知道空氣和水來自哪裡，但你完全相信它們存在，而且可以供你取用。身爲一個人，你知道空氣和水是老天賜給你的恩澤。不論以往犯過什麼錯，你仍舊每天醒來，有空氣可呼吸，有水可喝。「愛」也是這樣爲你而存在著，愛一直都在，你只需要記得你就是愛，一旦如此，宇宙便會帶給你更多的愛。換言之，你不用做什麼，只要堅定信念，當一個內心充滿愛的人，認清自己其實值得擁有一份深情又忠誠的伴侶關係，品味等待眞愛到來的過程。

相信你的靈魂伴侶確實存在、你值得擁有他，而且宇宙正在發揮它的巧妙，精心安排著你們的邂逅。這樣的信念是一個基礎，接著就可以服用眞愛祕方下一帖藥了——勾勒一幅遠景，在那幅遠景裡的你，就活在這些信念已經實現的人生中。

製作一張愛的尋寶圖

尋寶圖是讓美夢成眞的有力工具，直觀又客觀地協助你釐清內心渴望什麼遭遇。尋寶圖也是一張具體可見的備忘錄，提醒你你決心要創造什麼樣的人生。我製作尋寶圖好多年了，神奇的是我所勾勒的影像和意念，許多都已在眞實人生中實現。有一次，布萊恩和我一發現必須在九個月內搬家，我就做了一幅尋寶圖，上面有張照片是間面對海景的臥房，我們覺得格外吸引人。找房子的時候到了，我們所看的第一棟房子就有這樣一間主臥室，從景色、地毯到木頭窗框都一模一樣，百分之百就是我們想像的。這便是尋寶圖的魔力。

你可以把尋寶圖的主題完全集中在吸引靈魂伴侶上，也可以把它分成四個區塊：

1. 愛與人際關係
2. 身體與心靈的健康
3. 職業生涯與金錢所得

4.精神與情感的滿足

製作尋寶圖需要：

- ❑大小合適的海報板或保麗龍板。
- ❑一疊你最愛看的雜誌，內容反映出你獨特的嗜好與品味。
- ❑膠水和剪刀。
- ❑可以專心投入在這件勞作上幾小時時間。

瀏覽雜誌，剪下吸引你的影像、文字和照片。對於要選什麼來剪，不要想太多。相信直覺，吸引你就剪，但一定至少要有一張情侶圖，可以只是兩個人手牽手在沙灘漫步這麼簡單的畫面。挑選時，你尋求的是喚醒內心感受，而不是你喜歡的模特兒。所以目標圖片要能傳達你所渴望的感受，而不是要有你看中的臉蛋。代表愛情、浪漫、承諾和喜悅的圖像都很好。如果你想要的是與靈魂伴侶結爲連理，儘管貼上訂婚戒指、結婚戒指、結婚蛋糕、或任何象徵婚姻與終生承諾的圖片。你也應該貼上一張自己的照片，照片中的你看起來眞的很快樂。然後在這張照片周圍貼上文字，表達你對找到眞愛的正面信念。你要透過尋寶圖對自己宣告：你的完美伴侶是愛你、珍惜你、欣賞你的。

採取尋寶圖製作求愛法，結果展開了不可思議的因緣，這種例子我聽說過太多了。表面上看似難以置信，簡直像超自然奇蹟，但如今我了解到，尋寶圖有助於突顯什麼樣的靈魂伴侶特質對你來說很重要，而你可能還沒有清楚意識到。每天看看尋寶圖，提醒自己你的深層價值何在，也幫助自己開始注意以前可能忽略了的個人特點。我的朋友肯恩·福斯特便成功運用了這個辦法。

肯恩的故事

創作一張愛的尋寶圖

許多年前，我處於一份在局外人看來很美滿的感情中。所有朋友都認爲我們是天造地設的一對，事實上我們在一起卻很寂寞、很痛苦。我們對彼此的成長沒有幫助，相反地還助長了雙方的缺點，而且幾乎每天大吵。我知道我値得擁有一段良好的關係，可以滋潤我的心靈、振奮我的精神，但當時的我覺得自己無法脫困，很是沮喪。我想掙脫，又不想陷進另一段惡劣的關係中，我想朝正面的方向前進。

就在那時，我開始和一位老師合作，對方向我保證若是學會運用心智的力量，不管人生中想得到什麼，我都能得到。這位老師指出，如果我想要一段良好的關係，就必須改變自己一些有關宇宙如何運作的核心觀念。她告訴我，因爲某種叫做吸引力法則的東西，舉凡在我心裡成形的都將反映於外在。我的任務是釐清自己究竟想要什麼樣的戀情，然後堅信那一定會發生。我有點懷疑，但基於渴望改變，我決定一試。

我拼湊出一塊「夢想看板」，當作是份具體可見的備忘錄，提醒我在人生中想得到什麼。當然，我想得到一個有一天將成爲我太太的女人。翻閱雜誌時，有一張照片讓我驚爲天人。襯著熱帶風情，照片中的棕髮女子放鬆地將頭向後仰，藍綠色的水當頭淋下。她的眼睛微張，臉上掛著一抹微笑，我從當中嗅到喜悅的氣息。凝視這張照片，我覺得自己在偷窺未來的靈魂伴侶。我知道她會是一位美麗、有深度、健康、體貼、善良、充滿愛心又專情的女子。

做出夢想看板的結果，是讓我很清楚下一個伴侶非有不可的人格特質與言行舉止。但我還是不清楚爲了讓靈魂伴侶出現，我內心有什麼是需要去擁抱的。一天，當我對著夢想看板冥想時，聽到內心有一個細微、安靜的聲音在說：「要肯定！」一開始我不知道那是什麼意思，但接著就明白了。我這一生始終抱著懷疑度日——懷疑自己能不能吸引到對的人，懷疑自己有沒有能力好好付出，懷疑自己的內在歷程，懷疑自己能不能忠於婚姻，懷疑這個什麼夢想看板到底管不管用。我懷疑東、懷疑西，讓我頓時領悟到就是因爲這樣才會無法脫困。我想吸引的可不是一個充滿懷疑的女人，那麼充滿懷疑的我當然得不到想要的！

就在那一刻，我決心不再滿腹懷疑地過下去。我盡己所能有自覺、有意識地重建信念，發揮最佳能力專心致志地活在肯定之中，相信並跟隨由內在所發出的動力。

下定決心不到一週，我看見了茱蒂。之所以說「看見」，是因爲我們實際上幾年前就已認識——正是在老師帶我去的願景共享餐會上！幾年下來，我們成爲朋友，但是我的雙眼被懷疑與不確定所蒙蔽，看不見她其實就是我要找的。

交往一個月後，我向茱蒂求婚。我們去考艾島度蜜月，一天，我在一座熱帶水池裡游泳時，注意到一塊構造特別的岩石，藍綠色的水從中穿流而出。我請茱蒂靠在水流下，讓我拍張照。那一刻，我見證了宇宙的奧妙。照片沖洗出來後，我說不出話來。那不就是我貼在夢想看板上的照片嗎？一頭棕色長髮的女子，身穿泳衣被水流環抱，臉上盡是令我著迷的喜悅之情。只不過這並非夢境，她眞的是我太太。如今，我們結婚九年了，在加州聖地牙哥過著夢想中的人生，感情越來越好。

尋寶圖製作完成後，建議放在你每天都能看見的地方，但有人來時可以收到床下或衣櫃裡。你不需要別人對你的夢想或執著發表任何意見、投射任何能量。你的尋寶圖完完全全屬於你。我喜歡把我的尋寶圖佈置成祭壇，在周圍擺上蠟燭、鮮花和聖像爲它加持。你也可以把自己的尋寶圖擺在臥房裡的「桃花位」上（詳見第三章），提醒自己能付出以及準備收穫的一切。

切記，內心深處眞正相信什麼，就會反映於外在的境遇上。這是個不可思議的好消息！因爲或許你認爲憑自己的才能只足以賺這麼一點錢、憑自己的效率一天只能夠做這麼幾件事，但普天之下卻沒有什麼能限制或度量你的內在價值。你生來就值得被愛，而且一旦開始全心全意相信這一點，你就會發現到處都看得見證據。從現在起，你希望你愛的人怎麼看你，你就要怎麼看自己；你希望你愛的人怎麼對待你，你就要怎麼對待自己。除非你能成爲這樣一位情人，否則別奢望能找到眞愛。

第二章

決心

我發現如果你熱愛生命，生命便也熱愛你。

——波蘭鋼琴家　魯賓斯坦

爲遇見靈魂伴侶做準備的過程中，我結識了傑若米亞．阿伯罕。他是榮格心理學派精神治療師，也是加州知見山協會的創辦人。傑若米亞循循善誘地帶領我從不同面向反觀自身，直視那些我以前不願意承認的部分，包括我的防衛態度在不經意間害得愛情遠離。他幫助我爲遇見靈魂伴侶做好準備的方法中，最寶貴的一個就是爲完美關係保留發展空間。無論是否形諸言語，他都傳遞了這樣的訊息給我：「我深深認同你找尋靈魂伴侶的夢想，甚至願以此爲我的夢想。」我們共同抱持著「讓我在各方面都準備好迎接靈魂伴侶」的願景，攜手努力的一切都是朝此目標邁進。只要下定決心，願意讓自己在各方面完全準備好以吸引人生伴侶，就會產生驚人的力量。

從實際層面想想所謂的「決心」。如果你有一個目標是想搬到另一座城市，在真的可以動身以前，說不定得花幾個月甚至幾年做準備。你必須先設想一下要到哪裡工作、要創造什麼樣的生活模式。你或許會想把抽屜、衣櫃和文件匣清理乾淨，讓這份新生活有個全新的開始。爲遇見靈魂伴侶做準備也是一樣的道理，你一定要在生活中創造情感、生理與心理的空間，並積極計畫迎接即將到來的他。舊的不去，新的不來。我們越快、越徹底地清除舊的，就能越快、越容易吸引到新的。

就像園丁在播下種子前要先整地，我們也必須爲身、心、靈的花園除草，才能長出新生的愛苗。雖然你或許會堅稱自己已經準備好，甚至已經準備了好幾年，我還是想指出，其實你的生活中可能仍有一些部分阻擋、轉移或拒絕了你最渴望的事物。本章的目標是幫助你辨認這些部分，好讓你輕輕巧巧且循序漸進地加以清理，以準備迎接眞愛。用下列的問題考考自己，我鼓勵你誠實地思考答案，在往前走時採取必要的行動。

1. 我是否還愛著某人？

如果這個問題的答案是肯定的，不妨想一想：如果你知道這個人不是你的靈魂伴侶，你和他不可能發展出眞實、幸福、忠誠的關係，那麼不論要花多久時間，你願意試著放下他嗎？我不認爲你必須停止再愛他，但我確實認爲你需要在心裡找一塊新的地方，去安置你們曾經共享的那份愛。當我想像我的「內心空間」時，我將之視爲一塊遼闊、柔軟、有彈性而神聖的地方，坐落於我的胸口，寬廣得足以容納天地間的一切。我內心裡有一個空間，留給我現在正在交往的情人；另外還有一個空間，留給我曾經愛過但不再將情感投資或投注在他身上的人。

你的內心也可以有這樣一個空間，在那兒，你仍舊愛著那些曾在你生命中留下痕跡的人，但你不會再浪費任何寶貴時間希求他們回到你身邊。人們往往會告訴你：「忘了他們吧！」但說眞的，這不可能。我認爲，有許多痛苦是來自於抗拒對曾經愛過的人產生感覺。其實，不妨容許自己繼續愛下去，但別容許自己爲了仍想和他們在一起而憔悴。

每當想起舊愛時，承認這樣的念頭，輕輕將之收進你內心的「特別隔離室」，然後讓注意力回到當下。如果你發現自己對得不到的（或並非最理想、最適合你的）執迷不悟，始終充滿渴求、希望或幻想，那就涉及情緒管理的課題了。許多很不錯的心理或情緒療法都能幫助你，包括眼動心身重建法、催眠療法，還有幫助人們釋放失落與痛苦的塞多納術。如有需要，別排斥投入時間、金錢去尋求專業的輔導。我也是心理療法和治療團體的過來人，而且發現這一切出乎意料地有用。就算過去二十年你都在試圖解決同一個問題，也沒關係。要知道，每當超越一個讓內心封閉的障礙，你就釋放了一些受到壓抑的能量，也爲你的人生開啓了一個珍貴的空間。

2.我是否還對某人懷恨在心、無法原諒，仍覺得遭到背叛？

你可能不知道，怨恨就像留戀一樣，會將你緊緊地綁在某個人身上。這兩者都是一種牽繫，讓你攀附著過去，無法清醒地活在此刻。在接納新戀情之前，我們必須釋放從過去到如今依然存在的傷害與挫折。下面的活動能帶來相當的安慰。

你將需要：

❑幾張紙和一枝筆。

❑舒適的椅子。

❑不受干擾的十五到三十分鐘。

首先，列一張舊愛清單，寫下和他在一起讓你覺得自己不完整的人，或者仍舊讓你耿耿於懷、憤憤不平的人。

給他們每個人擬一封信，詳細寫下所有仍讓你很生氣、而你希望結果有所不同的事情。你恐怕永遠不可能寄

相愛大概是人與人之間最艱難的課題了吧！它是最後的終極考驗，我們一生中所做的其他功課，不過是在為此作準備。

——德國詩人　里爾克

出這些信，所以想寫什麼就儘管寫。看看你能否從中發現你需要什麼，不論是對他們或對自己的需要，好爲每一種情況找出解決之道。完成這個步驟後，你應該會覺得很平靜，平靜到足以看清自己在這幾段失敗的關係中扮演什麼角色，爲任何你後悔自己做出的事情認錯道歉。

寫過給舊愛的信之後，再幫每位前任情人寫第二封信。這次要從他們的角度，代替他們寫給你自己。這件事做起來沒有聽起來那麼困難：在家裡找一個他們以前待過的地方（如果可能的話），想像對方坐在你面前，然後移動你的身體，坐到那人坐過的位置，從他的眼睛看出去，感受他的感受，針對你們的那段關係，想像他下筆在紙上寫著他那個版本的說法。一一寫完信後，懷著讓殘存的仇恨離開你的心意，對自己大聲唸出信件內容。

在第六章，你將有機會更深入釋放過去的歷程，但這個寫信活動本身應該能讓你心情比較輕盈、心胸更爲開闊。

3.我的生活是否容得下另一個人？

誠實回答：現在，你眞的有時間和精力投入一段深刻、親密、堅定的關係嗎？要是現在沒有，那什麼時候才有？如果你無法回答，試試看這個小小的活動：暫時閉上眼睛，想像自己坐在電影院，面對一片黑色的巨大銀幕。你坐在這個伸手不見五指的戲院中，讓理智告訴你何時你會準備好，把年份和月份以紅色大字投射在銀幕上。如果答案顯現出來了，很好；如果沒有，我鼓勵你花時間更深入地去檢視，想想在做好準備前，你需要處理哪一段關係、哪一個承諾或哪一份計畫。你可能會像我的朋友瑪西．許莫芙一樣，發現在眞正準備好要遇見靈魂伴侶前，有一些重大的計畫必須完成。

瑪西的故事

他是你的眞命天子

從有記憶開始，我就夢想著和靈魂伴侶在一起。我所尋求的倒不盡然是童話故事裡的白馬王子，而比較是一種和眞命天子的深刻連結，一個我的靈魂能以他爲歸宿的男人。

九歲起，晚上睡覺時，我便會躺在床上問上帝，我的靈魂伴侶在哪裡，而且總是得到相同的答案：義大利。對一個在加州長大的女孩來說，這答案聽來奇怪得很，但不知怎地感覺卻很對。伴隨著那個答案，我還看到一張面孔，細節不甚清楚，不過他有一頭黑髮、留著鬍子，既帥又有型。

二十二歲了，我還沒遇見「他」，不禁開始灰心洩氣。差不多是那時候，我上了一門成功課程，老師教我們要把目標定得明確而清晰，並且應該寫下來，這開啓了我一連串的「靈魂伴侶心願清單」。我寫下自己想在另一半身上尋求的每一種特質，每次都能一口氣寫出六、七十種，首要的特質便是「心靈契合」和「能力很強」。這兩者總是在爭第一，當我處於一種修身養性的心境時，「心靈契合」就會勝出；當我事業如日中天時，「能力很強」就會拔得頭籌。我會把每次列出的清單收進一個被我貼上「靈魂伴侶」標籤的資料夾，這個資料夾到現在還留著，裡面共有年復一年累積下來的二十三張清單。

那些年來，我和很不錯的對象有過五段深具意義的戀情，但始終存在一個問題：

我隱約覺得他們每一個都並非對的人。也由於我想爲心中設想的靈魂伴侶保留了空間，而導致我和他們分手的結果。如今回想起來，我但願自己好好享受和他們在一起的當下，相信「他」自然會在對的時間出現。

至於人生的其他方面，我過得一帆風順，職業生涯不同凡響，和別人合寫《心靈雞湯》，榮登《紐約時報》暢銷榜第一名，銷售量達數百萬冊。我旅行全球，對成千上萬聽眾發表演講、舉辦座談會，攀上事業的巔峰。但是一路走來內心卻極度空虛，我實在非常渴望「他」的陪伴。

我花了許多時間苦思爲什麼別人能找到靈魂伴侶，我卻不能。我做錯了什麼，老天爺要這樣懲罰我？我會拿諸如此類的問題折磨自己，爲了沒能找到「他」而自我打擊。每當我對我媽抱怨時，她就會安慰我說：「乖女兒，別擔心，他會值得你等待的。」

隨後，我的工作夥伴珍妮佛．霍桑和我爲靈魂雞湯系列的新書想出一個點子——爲像我這樣的單身人士而寫，呈現快樂的單身故事。這便是那本書設定的前提：你不需要一個伴侶，也能幸福快樂。我們在一九九八年著手寫作，恰好就是我四十歲生日後。在這一年的寫作期間，我放下自己對靈魂伴侶的需求，轉而專注於內在的喜悅。

我的內心有某種深沉的頓悟，直覺當此書出版時，我的「單身業障」便將告一段落。事實上，我幾乎天天對珍妮佛說：「等這本書寫完，我的單身生活也就過完了。」我不但這麼說，也這麼感覺、這麼相信。奇妙的是，我並不執著於這將何時、如何發生。在此同時，我盡情地創造屬於我一個人的快樂。

接著，一九九九年一月，在愛荷華的一個大冷天，我歷經了一場最不尋常的會面。我步履艱難地走過泥濘的雪地，來到一棟其貌不揚的大樓，一名小個子的印度人就坐在裡面的一間會議室中，等著要用棕櫚葉幫我算命。根據他的傳統，一個人的命運是以梵文寫在古老的棕櫚乾葉卷軸上。他在一疊葉片間翻啊翻，翻到我的那一頁後停下來。除了姓名、生日和出生地，他對我一無所知，但他繼而告訴我所有關於我和未來的事。

一開始，他說：「你過得很好。」這我同意。然後他說：「不過，讓我們來談談沒有丈夫的問題吧。」

他告訴我，接下來六個月，我會遇到三位合適人選，一位接著一位，每一位都是外國人，雖然我和他們會有不錯的情誼，但終將只是好友。我說他的預言不可能成眞，因爲我的幾段感情之間總會間隔幾年，所以他勾勒的畫面在我看來顯得荒誕不經。他堅持他說的一定會發生，並且繼續揭露我來這裡所想要聽到的消息。

「然後，你會遇到第四個男人，這人就是你的丈夫。讓我描述給你聽吧，這樣你就能認出他來了。他有著一頭黑髮，留了鬍子，看起來像地中海人，在義大利出生、長大，職業是心理諮商師，幫助人們解決人生問題。他熱愛音樂、舞蹈和藝術，住在加州，而且……」他說：「他小你六歲。」

「不可能啦！」我又脫口而出，這次毫不掩飾我的挫折感：「我從不和年紀比我小的人交往，以前每一任男友年紀都比我大，通常還大上十歲呢！我甚至不喜歡年輕小夥子！」

他說：「那我可沒辦法，反正他就是你的眞命天子。」

算命結束，我離開大樓，心想這個印度人很好心，但完全在胡說八道。我並不把這整件事當作一回事，繼續過我的日子，再度將靈魂伴侶拋諸腦後，注意力重新回到讓自己過得快樂上頭。

奇怪的是，兩週之後，我開始和一名歐洲男士約會。那之後一個月，我又和一位來自英格蘭的男士出去，我們成爲好朋友。兩個月後，有人幫我安排了相親，對方來自俄國，我們也一樣成爲很好的朋友。我知道很難相信，但這整段過程中，我都沒想起棕櫚葉算命的事，我完全不放在心上，所以從未意識到第一部分的預言已經應驗了。

一九九九年九月十五日，《心靈雞湯：單身一族》出版，就在第二天，我前往亞米茄學院。那是一所美麗的靈修中心，位於紐約卡茲奇山上，我去和超過六百名的學員一起參加一門自我成長課程。車子開進寬敞的碎石子停車場，找到車位後，我一下車，看見的第一個人是凱倫，她是我前一年在亞米茄上另一門課時結交的朋友。我覺得這種巧合眞是太奇妙了，凱倫是我前一年在這裡唯一結識的朋友。她來參加的課程結束了，正上車準備要離開。

我們彼此擁抱打過招呼後，她突然說：「你想不想見見一位男士？」我答道：「求之不得！」

接下來，她說她在舞蹈課上認識了一位男士，她覺得我會喜歡。他會留下來上我要去上的那門課，她想介紹我們認識。

她問：「你喜歡大塊頭猛男嗎？」

「喜歡！」我熱情地答道。

「喔，他不是那種型的，」她說：「他比較是溫柔、敏感型的。」

「嗯，這不是我想要的……」我心想。

接著她問：「你喜歡年紀比你大的嗎？」

「喔！喜歡！」我興奮地說。

「喔，他的年紀比你小，」她說：「我想可能差個五、六歲。」

我一整個洩氣地說：「這樣的話，那就不了，我實在沒興趣。」

說時遲那時快，她轉過身，瞥見他從停車場另一側走過，於是指給我看。太遠了，我看不見他的臉，但卻感覺得到他的活力。我立刻抓住凱倫的手臂說：「我一定要見見他。」我們急忙穿過停車場。

凱倫說：「塞吉歐，我想讓你認識一下我的朋友瑪西，你一定要教她跳舞。」在我開口說哈囉之前，塞吉歐就拉著我挽住他的手臂，沿著停車場跳了一圈華爾滋。就這樣，我認識了我的義大利王子。

我們立刻覺得彼此很熟悉，彷彿認識了一輩子，但我們絕對不符合彼此對靈魂伴侶的想像。我們兩人的特質有天壤之別，他個性隨和、爲人圓融、閒散度日，我精力旺盛、熱心積極，又滿「難搞」的。最初幾個月，我們面臨維持遠距離關係的挑戰（每隔幾週，我會從愛荷華飛去加州），而且對於我們迥異的個性到底能否合得來，我完全沒把握。

然後，一天早晨，我在愛荷華的家中醒來，突然想到被我忘得一乾二淨的棕櫚葉預言。我跳下床，跑去找收著那次算命筆記的資料夾。讀著這些筆記時，我震驚不已。我拿起電話打給塞吉歐，在清晨五點鐘把他挖起來，唸這段預言給他聽：

「他有一頭黑髮，留了鬍子，看起來像地中海人，在義大利出生、長大，職業是心理諮商師，幫助人們解決人生問題。他熱愛音樂、舞蹈和藝術，住在加州，而且小你六歲。」

每一個細節都命中紅心，我們沉默了幾分鐘。

就在那時，遙遠的記憶從我腦海浮現，童年白日夢中的男子面容，正是塞吉歐的臉孔；他是我的靈魂伴侶！

我們已經在一起將近十年了，印度棕櫚葉算命師是對的：塞吉歐是我的眞命天子。我媽媽也是對的：他值得等待！

要不是瑪西爲了完成著作而將過往情史整頓一番，她和塞吉歐的交會是不會發生的。「決心」就是這個意思，全面地將自己準備好，如此一來，當靈魂伴侶出其不意地來到面前，要帶我們沿著碎石子停車場跳華爾滋時，我們才能翩翩起舞。

4.我在外觀上準備好了嗎？

在身爲出版商的時期，我對客戶的首要責任之一，是就他們該如何在媒體上呈現自己提供建議。第一印象確實重要，你的髮型和服裝要能將你最好的一面「秀」出來。有一次，我和一位可能的客戶見面，她是頂著博士頭銜的四十歲女士，看起來卻像想要成爲一個十九歲啦啦隊長的模樣，短裙、粉紅色口紅，加上染得太超過的金色長髮，和她的資歷完全不搭軋。我試著向她解釋，這樣簡直不可能讓人認眞地看待她，因爲她的樣貌和她聲稱自己具備的專業互相衝突。我盡可能委婉地說明看起來恰如其分的重要性，但最終她還是寧可選擇迷你裙，也不要事業更上一層樓。

如果你的夢中情人是一名重量級公司主管，那麼把頭髮挑染成紫色、穿上前衛服裝，就可能是在搬石頭擋住感情的去路。除了風格款式，服裝的顏色也有影響情緒、精神和自我觀感的力量。紅色大墊肩套裝可能很適合職場，但穿去出席社交活動就太誇張了。不妨開始想想，你透過服裝的顏色、質料和風格傳達了什麼。無論你喜不喜歡，人都會很快地憑第一印象以貌取人。善用此一人性，巧妙處理你所發出的無聲訊息。現在是探測你的形象和衣櫥有什麼更新潛力的絕佳時機，如果你在過去五年或十年間都不曾改變髮型，不妨考慮去城裡最熱門的美髮沙龍找造型師諮詢一下，看看有什麼選擇。

底線是：樣子好看，心情就好。人一旦心情好，就會散發出光芒，進而更有自信。所以這不只是爲得到靈魂伴侶作準備，也是趁機打造最美麗的自我。

接下來的摹想活動將助你爲新戀情在內心裡和生活中創造出空間。

冥想

爲愛情創造空間

找個舒服的座位，讓自己專注於想像中，在腦海裡勾勒出你家屋子前的車道。如果你住的是沒有車道的高樓，那就回想你成長過程中住的房子，或任何你住過而附有車道的房子。以這個練習而言，那就是你家。

我要你想像你的前任情人（你還眷戀或怨恨著他）將他的車子停進車道中央。如果事實上他沒有車，就假想一部你認為他會擁有的車。於是，你看著前任情人的車穩穩地停在你的車道上。或許你就站在那輛車旁邊，或許你是從窗户或門縫瞄它，注意一下當你看著這一幕時心中產生的感受。

正當你望著那輛車，你突然瞥見一台史上最巨大、最凶狠的拖吊車，就像長了輪子的怪獸，簡直有變形金剛那麼高。一開始，你以為它只是路過，繼而你發現它竟然開向你前任情人的車！它倒著開過去，接著，可想而知，拖吊車駕駛走出來，正對著保險桿降下那巨大的鉤子。你看著拖吊車把轎車吊起來，你聽著拖吊車引擎隆隆啓動。現在，拖吊車往前開，把你前任情人的車從你家車道上拖走了。注意一下你的感受。

拖吊車開走後，你低頭一看，首先注意到車道上前任情人的車停過之處污穢不堪，又是油漬，又是塵埃，看起來一團糟。你回頭看拖吊車要開去哪裡，發現它正駛離鄰近區域。現在，拖吊車開上離你家最近的幹道或高速公路，朝著北方前進。換言之，如果你住在東岸，拖吊車就正在九十五號州際公路上朝加州開去；如果你住在西岸，它正在五號州際公路上朝阿拉斯加開去；如果你住在其他地方，就挑一條最近的高速公路，想像拖吊車往北極開去。

拖吊車繼續往北，很快地通過北極。現在，它加速前進，越開越快，直到最後一刻……你發現它完全離地了！就像一架起飛的飛機，飛越天空。你看著拖吊車穿過雲層，又看著拖吊車司機熟練地安全降落在地，而拖吊車拖著你前任情人的車飛進外太空，並且繼續朝宇宙盡頭前進。它經過銀河，穿過幾個黑洞。容我提醒一下，你並不在拖吊車上，你在你家，可是你能看到拖吊車，現在它已經跑到宇宙最遙遠的那一頭去。你突然感覺掌心握了個什麼東西，你低頭一看，看到一個小盒子，上面有一大顆紅色按鈕。當我說「按」，你就要按下按鈕，把那輛車轟成碎片。準備好了嗎？

一、二、三，按！

轎車和拖吊車頓時炸成無數碎片，它們是那麼渺小，而且離你好幾光年遠，讓你看都看不見。你心滿意足地鬆了一口氣，注意力重新回到你家車道上那位前任情人的車停過之處。再一次地，你發現車道上是經年累月的破壞、疏忽、塵埃和油漬。眼前的光景，你完全不能接受，於是你振作精神、捲起袖子，開始清理這一塊空間。我要你想像自己在車道的四個角落點上四根蠟燭，這些蠟燭可以與腰齊高，也可以像提基火炬般與肩齊高，你想要多高就多高。現在，你拿出火柴或打火機，將車道四個角落的蠟燭點燃。

點燃的同時，你看到一組穿著防護衣的小隊跑進來。他們手持清潔劑，配有打掃裝備，開始整頓車道上的一團混亂。四根蠟燭持續燃燒，清潔小隊把最大件的廢棄物裝進垃圾袋搬走，結束這天的工作坐上車回家。讓蠟燭燒下去，它們是在淨化你的空間，清除過去的殘骸，而且要一連燒上三十天，今天正是第一天。好好看看四周，明天同一時間，你要回來繼續清理，當你把注意力集中在車道四角的四根蠟燭上時，清潔小隊就會帶著刷子、肥皂、油漆、柏油或任何能讓車道煥然一新的工具出現。目標是要使它成為你看過最光鮮亮麗的車道，好吸引你的靈魂伴侶迫不及待停進來。每天來這裡看蠟燭燒掉多少，看油漬消失褪去，看車道鋪上潔白的地磚，換上美麗的新裝。

你每天回來，這塊空間越清越乾淨，沿著車道還種下了花花草草。這麼做的同時，你知道自己是在展開一塊紅毯，準備隆重迎接即將到來的真愛。

完成這個摹想活動後，肯定地告訴自己：現在，你準備好迎接新戀情了。身心雙方面的內在空間越來越清爽，也越來越寬闊，你爲另外一份愛敞開了心扉。

5.創造靈魂空間

如同剛剛探討過的，想要做好準備，讓自己能夠滿心歡喜地迎接靈魂伴侶來參與你的人生，就必須在生理、情感與理智各方面開創空間，你才能看得見他的存在，進而追求與他建立關係。此外還有一種空間需要你去耕耘，而且唯有安靜的沉思與冥想方能誕生這個空間。

我可以毫無一絲懷疑地告訴你，在我認識的人當中，運用吸引力法則找到終生伴侶的，多半都不是在擁擠的派對或熱鬧的聯誼覓得良緣。他們是在寂靜安寧的心境中，喚醒內在深沉的智慧，而能夠與自己和諧共處時，遇見了靈魂伴侶。「決心」不只關乎完成計畫、改造形象、永別舊愛，還要從內在產生相當程度的定靜，讓你能夠感到、聽到你的直覺發出的微弱聲音，那聲音將提供線索，帶領你採取正確的行動。

著手在生活中創造空間、準備好迎接眞愛後，現在，你唯一要做的是不著急於時間，讓事情自行發展。我明白時機就是一切，接受這一點意味著我們願意聽從宇宙的時間表，而不頑固地執著於自己的時間表。時機和命運不可避免地綁在一起，我們必須學會相信天意自有安排。

伊莉莎白・吉兒伯特的《享受吧！一個人的旅行》中，有一段話我很喜歡，談的正是命運。她寫道：

命運是上天旨意和人爲努力間的遊戲，有一半是你無法控制的，另一半卻絕對掌握在你手中，你的所作所爲會帶來相對的結果。人不完全是老天爺的戲偶，也不完全是自己命運的主宰，而可謂兩者皆是。我們就像馬戲團裡的表演者，雙腳跨在兩匹加速並行的馬匹上，試圖保持平衡地在人生中奔馳。其中一匹馬叫作「信念」，另外一匹馬叫作「自由意志」，你必須每天自問：什麼事情是哪一匹馬，我應該停止擔心哪一匹馬，因爲那件事情非我所能控制；而哪一匹馬我又該全力以赴，加以駕馭。

要想得到一個靈魂伴侶，人爲的努力、一定程度的信念和命運都牽涉其中，是這三者的交互作用讓你終獲至寶。

第三章

構築愛巢

自從幸福聽到你的名字，

它就走遍大街小巷要找到你。

——回教諺語

假想一下靈魂伴侶第一次踏進你家的那一刻。想像他首度步入你的空間時，你希望以什麼樣的畫面、聲音和氣味迎接他。何種環境能爲你倆瘋狂墜入愛河提供完美場景？現在，想想你家目前的樣子。我敢打賭，爲了迎進此生眞愛，那當中一定有某些地方是需要改進的。

切記，吸引靈魂伴侶的過程，就是爲他在你這個人的各方面及你生活中的各領域開啓空間的過程，這當然包括你所居住的地方，也就是你家。本章將探討「空間淨化」的藝術，好清除過往戀情留在你家的所有負面能量或障礙物，甚至於前任房客的影響力。一旦你家變得乾乾淨淨、毫無障礙，我會分享一些我用來把我家變成眞愛磁場的風水祕訣。

微妙的能量

「家」不只是四面牆壁和一扇扇門窗組合而成的避風港。理想上，家是心靈的溫室與聖殿，反映我們最深刻的感受與最崇高的價值。走進一個地方時，你感應到的潛在振動，正暗示著這個處所的能量。與你感官相呼應的畫面、氣息和味道，構成了你的感受，但還有某種更微妙的東西，純粹取決於你的直覺，會讓你在特定環境中感到自在或不安。當你走進一個人際關係充滿衝突的房間，會感受到緊繃的壓力；同樣的，當你走進某個人家裡，立刻覺得很放鬆，那往往是能量的作用，而非建築物或室內裝潢的效果。

從很小的時候起，我就意識到事物的微妙能量。還記得兩、三歲時，我躺在自家後院，望著我以爲是花朵的野草，看著每一株都散發出閃耀的能量。我也記得走進不同的屋子，感覺到它們屬於什麼樣的人家。有快樂的人家、緊張的人家、憤怒的人家，有彷彿張開雙臂歡迎我的人家，也有似乎暗藏許多祕密的人家。或許你也曾注意到，不同的人家發出不同的頻率，無論你是否有意識地接收到訊息。現在，既然你表示自己已準備好要找到靈魂伴侶，就必須格外留意你家釋放的能量，採取行動確保傳送出去的訊息是友善而迷人的。

即使你剛搬新家，過去殘存的負面能量、前任房客留下的元素、甚至周遭環境，都能損害你試圖創造出的氛圍。你和舊情人有過的爭吵、傷心難過的日子、孤單寂寞或絕望心死的時刻，會於能量的層次上保留在你的空間中。換言之，你家的牆壁會說

> 往前走時讓心帶路，
> 有一天你將找到愛。
>
> ——美國音樂家
> 伯特・巴克瑞克
> （《阿非外傳》主題曲）

話，你要確保它們表達出你對愛、熱情、承諾和實現美夢的決心。透過清理你的能量空間，這個朝氣蓬勃的人生新階段便將有個耳目一新的開始。

如同前一章討論過的，開闢空間是吸引新事物不可或缺的步驟。讓你家做好準備以迎接靈魂伴侶時，在臥房開闢空間、在衣櫃保留位置，尤其重要。同樣的道理，在你打算給靈魂伴侶睡的那一側，我建議你讓床頭櫃空著，如此一來，當這個人到來時，他就有地方可以放自己的私人物品。要確保你的床夠大，可以讓兩個人睡得舒服。如果你離婚了，但仍睡在前任配偶睡過的床上，那麼買張新的床鋪、換上新的床單，絕對是個好主意。

如果你發現自己不願拋棄有關舊愛的紀念品，或不願爲靈魂伴侶在臥房和衣櫃預留空間，那可能表示你還沒準備好要在這個層次上與他人分享你的生活。所以，倘若你有所抗拒，就當作是一次機會，更深入地去處理情感的課題（在「決心」和「揮別過往」的章節中有一些很棒的心靈小活動），克服任何你可能仍未跨越的障礙。

將有形障礙從生活中排除，是我所知道促進全新正面能量湧入最快的方法之一。這就像是展開一塊磁力紅毯，朝宇宙放射清楚明確的歡迎訊息：你準備好要讓有緣人加入你的人生、無拘無束地待在你的居住空間、最終和你共用臥室了。

幾乎世上每一種傳統和地方文化都有空間淨化儀式，用意是要清潔、過濾家裡的能量或「氣」，去除環境中的污濁能量或穢氣，全面改善家裡的氣場。雖然可供挑選的空間淨化法非常多，我最愛的是「煙燻」。

美洲原住民燃燒各種藥草或樹脂，藉由產生的煙霧燻走負面能量，材料包括鼠尾草、雪松、香草和薰衣草。煙燻的傳統越來越普及，這是一個很簡單、很享受的淨化技巧。你可以在有機超市或靈修書籍專門店買到五花八門的產品，包括煙燻條、煙燻棒和煙燻束。如果你有興趣，也可以請專業的能量治療師和風水諮商師到府服務。儘管選擇你用起來最舒服的方法。

煙燻典禮

開始：

❑我偏好加州鼠尾草，而且喜歡在白天進行煙燻。開始時，我先把家中門窗全部打開，盡量讓屋內充滿陽光與新鮮空氣。我喜歡從前門做起，按部就班地遍及全屋。家裡的每一個角落、櫥櫃和房間，都不要放過。這麼做的同時，留心一下你的意圖和思緒。傳統上，美洲原住民往往會一面淨化住家，一面禱告。你可以默唸你最喜歡的祈禱詞，或只是簡單地祈福一下，例如：「祝福這個家，淨化這個空間，讓它成爲我和另一半舒適的窩。」別忘了，你的目標是要清除私人空間中一切負面能量，迎進煥然一新又能支持你、愛護你的正面能量。

❑點燃鼠尾草末端，放在一片貝殼或一個耐高溫的碟子裡（你可以考慮點火的那隻手戴上隔熱手套）。

❑用手或羽毛搧一搧，讓你想淨化的區域或物體瀰漫煙霧。

如果你是在淨化一個房間，就拿著盛放煙燻材料的容器，腳一邊走，手一邊繞大圈。集中意念趕走所有負面的東西，開創讓愛綻放的空間。

別忘了把每扇門的門框和櫥櫃的裡裡外外燻一燻。

當然，拿著點燃的物品到處燻時，要發揮你的最佳判斷力與常識。就算天不乾物不燥，也得小心火燭！

如果你不喜歡鼠尾草的味道，或是你住在狹小或通風不佳的地方，這裡有些別的空間淨化法可以考慮：

✔用你最喜歡的薰香來清潔、淨化你家。以上述方式拿三根薰香，在你居住空間的每個房間走動。

✔裝一杯乾淨的水，加一點你最愛的香水或精油進去，沿著屋子走，用手帕沾杯裡的加料水，輕輕地揮手，毫不吝嗇地把加料水到處灑一灑。

✔用紅色或粉紅色的緞帶把水晶掛在屋子角落，以驅趕或阻擋負面能量。

說實在的，淨化住家的方法無所謂對錯，唯一的必備要素就是你有這個意圖，想把家中可能妨礙眞愛找上門來的能量清乾淨，無論是老的、舊的、限制性的或負面的。一旦家中沒有了這些不受歡迎的混亂或窒礙，你便可以運用一些基本的風水原理，將家裡轉化成一個聖殿，充滿生機盎然、魅力無窮、光明正面的能量。

求愛也要靠風水

風水是中國人藉以創造和諧環境的一門學問。由於是四千年來代代相承的傳統，時至今日已有各種不同的派別應運而生，包括巒頭派、理氣派、江湖方術派，乃至於與西方 New Age 思潮融合之下出現的支系。然而，所有這些流派背後的本質和意圖都是一樣的，就是要在整體環境中創造更正面的流動能量。在本節中，我將與你分享幫助我吸引靈魂伴侶的祕訣。進行這些程序時，我從不同的來源汲取能量，包括自己的直覺。歡迎你也嘗試看看，把你發現有用的融入到生活當中。說到底，你才是自己的主宰，儘管去做你覺得對的事情。根據我的經驗，將眞愛帶進你生活中的，與其說是對每一步驟準確無誤的執行，不如說是風水學一貫的原理。

最初我之所以開始相信風水，要追溯到二十多年前搬新家來到另一座城市時。我諮詢了風水師路易斯．奧戴特，從用哪一個房間當工作室，到家具、鏡子、盆栽、藝術品、鈴鐺、風鈴等等物品應該放在哪裡，無不徵求他的意見。搬進新家、遵照他的指示幾個月後，我的職業生涯和經濟狀況一飛沖天。

後來我認識了出過幾本書的風水大師蕭娜．米契爾，他認同路易斯．奧戴特爲我做的安排，又針對藉由風水吸引眞愛額外補充了一些看法。我把這些原理應用在家裡後的兩年內，便遇見了我的靈魂伴侶。我不會說自己很懂風水是怎麼發揮作用的，但事實是在我（以及我大部分的朋友）身上始終很靈驗。結果，我變得對善用風水能助人覓得靈魂伴侶深信不疑。

從風水的觀點來看，家裡每個區塊和各房間每個區塊，分別對應到某一方面的人生課題。這些區塊的位置可用一種叫做八卦的圖形去勘測，如八十五頁所描繪，總共有八個區塊，包括文昌位、官祿位、驛馬位、子女位、名譽位、財庫位、福壽位。當然，也包括本節的焦點——桃花位。

首先你要做的是勘測桃花位在家中何處，臥房裡的桃花位又在哪裡。根據我所採用的風水系統，找出這些重要位置的方法是：

活化你的氣

站在前門，面向屋內，用八卦圖勘測家中不同方位分別落在圖中哪一區塊。桃花位是在整個住家的東北方。

接下來，站在臥房門口，面向房內，東北方即是臥房的桃花位。

建議你雙管齊下，整個住家和臥房中的桃花位都要照顧到。以下是一些我發現最厲害的訣竅，對活化家中和房內桃花位的氣（或能量）很有幫助：

- ✔房間的桃花位用粉晶裝飾，尤其是心形粉晶。以粉紅色或紅色緞帶將粉晶掛在桃花位上或附近的窗戶上。
- ✔擺設成對動物的圖片，例如兩隻天鵝、兩隻白鶴（順帶一提，這兩種動物都是終生只有單一配偶）、兩隻海豚或兩隻鴿子。如果你喜歡，放一尊主題是情侶或家庭的雕塑，也會很有效。
- ✔用大量紅色、粉紅色或桃紅色的蠟燭裝飾這個區域。
- ✔用茂盛的綠色植物點綴房間，尤其是有心形葉片的植物。

名譽位
桃花位
子女位
驛馬位
官祿位
文昌位
福壽位
財庫位
八卦

✔在桃花位掛上風鈴。

✔你也可以試試在臥房南面牆壁上掛藝術品，一方面激發內心的浪漫感受，一方面提供一個賞心悅目的畫面作爲視覺的焦點。鮮花象徵生長與擴張，會不斷提醒你敞開心扉。不過要避免在家裡或臥房中放枯萎的花，因爲它們代表穢氣。

運用風水吸引靈魂伴侶的過程中，家裡還有一個區塊值得一提，就是位於八卦圖右下角、緊鄰桃花位旁邊的驛馬位。根據風水原理，透過加強這個區塊「氣」的流動，有助於你接收到貴人的幫助或指導。我的朋友琦琦很肯定這是眞的。

琦琦滿懷強烈的渴望，爲遇見靈魂伴侶盡她所能做了一切，從禱告、去能結識單身人士的場所，到下班後和朋友們出去喝一杯，卻都徒勞無功。大概就在這時候，琦琦的朋友派翠西亞接觸到風水，因而詢問琦琦，可否讓她發揮新學到的技能，給她家一些建議。琦琦一開始很懷疑，但想了想後覺得有何不可？

派翠西亞一個房間一個房間地檢查，她發現爲了增進感情生活，有很多區域是可加以改善的。比方琦琦家的桃花位放了太多盆栽，派翠西亞建議把其中一些移植到紅色花盆裡（紅色是一種魅力色，也代表愛的顏色），並且要琦琦在把盆栽放回房間時，持誦一句祈禱詞三次，並一邊想像著她想要的感情生活。琦琦覺得這樣做有點蠢，但還是照做了。她想像自己穿著白紗、親吻新郎。

派翠西亞也注意到琦琦家的驛馬位空空的，而且光線黯淡。派翠西亞解釋說貴人不只是帶來錢財的人，也包括以任何形式幫助你的人。他可能給你一句智慧的話語、介紹你認識某個特別的人，不管什麼形式都行。由於有這麼多的伴侶是透過朋友、家人、同事或其他諸如此類的貴人介紹而找到彼此，派翠西亞強調在琦琦家這個區塊「養氣」的重要，建議在那裡放個黑色物品並改善照明。第二天，琦琦去買了個黑色立燈，當晚就把組合起來放在驛馬位。她也祈禱了三次，想像貴人的幫助從四面八方湧來。

告訴你，那天是星期五。

星期六傍晚，琦琦的電話響了，是一位她很喜歡的同事，但兩人的交集僅止於午餐時間一起走走，或公司聚餐時碰個面。這位同事打來告訴琦琦說她丈夫最要好的朋友瑞克最近離婚了，想認識新朋友；又說她和丈夫一一討論他們認識的單身女性，突然間，就像閃電一樣，琦琦的名字從她的腦海劃過。接下來那個週末，他們兩兩成對一起出去，琦琦和瑞克自此交往至今。

就風水來說，臥房是一個促進「補益能量」和「感官能量」和諧流動的地方，理想上應該要既平易近人又能安撫情緒、既振奮人心又使人冷靜。這裡有一些訣竅，多數專家都認爲能藉此將臥房轉變爲一個愉快、放鬆的地方。

改造臥房

✔理想上，臥房應該位於屋內後方，以便提供居住者安全感、隱私感和舒適感。

✔避免在主臥室掛小孩照片或家庭合照，沒人希望家庭成員象徵性地看著這個私密空間發生的一切！

✔如果可能，不要把臥房當成辦公室。移除任何會讓你想起工作的物品，包括書桌、書櫃、電腦、運動器材等等。要記得你的臥房是用來睡覺、放鬆、談情說愛和親熱的聖殿，令人分心的東西儘可能越少越好。

✔在臥房放電視並不是個好主意。如果一定要放，就放在電視櫃裡或用一塊布遮起來，如此一來，沒在看的時候就可以象徵性地讓電視消失。

✔明智地選擇擺設在臥房的圖片或藝術品，畫面中的主題以你想在人生中多多經歷的體驗爲主。換言之，除非你很享受傷心難過和孤單寂寞，否則不要在臥房裡呈現有這種感覺的影像。

✔避免在臥房裡放鏡子（根據風水，客廳放鏡子很好，但放在臥房則可能讓你睡不著或靜不下心）。

✔床鋪底下的空間應保持空無一物。爲冬天衣物和多出來的被褥找尋其他的儲藏地點，如此一來，床鋪一帶才有空間接納新的活力能量。

✔時常把窗戶打開，保持臥房空氣清新、充滿氧氣。

✔如果可能，床鋪不要位於窗戶底下，床頭不要靠著浴室牆壁，這些都是犯煞的位置。

另外一個吸引愛情降臨的有效利器，是我稱之爲「桃花壇」的東西。在《打造居家風水聖地》一書中，我的朋友蕭娜．米契爾說明道：「聖壇就像一支避雷針，一向被用來吸引最純淨、最崇高的力量。」在此，我所謂的「桃花壇」，只是一個很簡單的集合點，把能喚醒內心愛的感受並促成姻緣的圖片和象徵物品，都集合到這裡。如果你計畫生小孩，你的桃花壇就應該放置美滿家庭的照片或代表生育的物品。如果你很愛旅行，則可放置一些你希望和另一半共同前往的情調景點的照片。對我來說，蝴蝶代表了創造力，我希望能和另一半共享充滿創意的生活，所以我的桃花壇放滿了蝴蝶的照片。我也放了克里希納和羅陀（譯註1）的雕像，代表神聖的愛；還有印度聖人阿瑪的照片（結果阿瑪在我獲得靈魂伴侶的過程中，扮演了關鍵角色）（譯註2）。

桃花壇的功能有兩個方面，一來是爲家裡或臥房提供美好的視覺畫面；二來更重要的是發揮聚焦的作用，幫助你釐清自己在感情上想要的究竟是什麼，進而將之吸引過來。當然，你可以自行決定你的桃花壇要簡單或花俏，要放在家裡的公共空間或臥房裡的私人空間。以下述建議作爲指標，但過程中也不妨加入你自己的創意。

打造桃花壇

✔用八十五頁的八卦圖找出家裡或臥房的桃花位，將桃花壇放在一個安靜、不會擋路的地方。

✔挑一張你所準備的空間足以容納的桌子，鋪上美麗絲巾的矮桌效果會很不錯。

✔用照片、象徵物品、雕刻或塑像裝飾你的桃花壇，內容要能激起眞愛的感受，也要能代表你所尋求的那種堅定情感。放上粉紅色或紅色的蠟燭和鮮花。

✔不妨考慮將你的眞愛尋寶圖（見第一章所述）裱框起來，掛在桃花壇正上方，讓招桃花的效果加倍！

過程中別忘了玩得開心，透過合乎你心意的顏色、質料、影像和物品，爲桃花壇增添個人專屬風格。

從清除窒礙、淨化家中能量，到運用幾世紀來的古老風水原理，活化整體居住空間的「氣」流，遵循本章建議，便能將你家轉變爲一個清爽、友善而吸引人的地方，讓愛在此開花結果。每天花一點時間感念、默想、享受你所創造出來的這個空間，想像你的心精神百倍、活力充沛，觸動了你靈魂伴侶的心。

希望你現在已受到激勵，想要將自家改造成我所謂的「倦鳥愛巢」。這裡指的不只是家中有形的空間，也是內心裡的情感空間。倦鳥愛巢是我們最終在親密關係中所尋求的落腳地。現在立刻在家中創造一個可以讓你好好休息的空間，這等於是在具體地給予自己一個你渴望從伴侶關係得到的東西。你的倦鳥愛巢可以很簡單地只是房間角落一張舒適的大沙發，也可以是後院裡大樹下能容納兩個人的柔軟吊床。每天到這個空間待上一段時間，將注意力集中在吸引眞愛的意念上，閱讀你的靈魂伴侶清單（將在第五章中介紹），朗誦下面的祈禱詞。這段祈禱詞我每天都唸，幾年下來也已和成千上萬的人們分享。唸這段祈禱詞時，要讓自己處於安寧、平和的狀態，對現況滿懷感激。點一根蠟燭，攤開四肢躺在你美麗的大床上，感覺你的家、你的生活和你的心是一個讓你的靈魂伴侶落腳的愛巢，一邊大聲唸出來，一邊讓每一字句在你全身泛起漣漪。

吸引靈魂伴侶每日祈禱詞

天上眾神
此刻我滿懷感激
我心已痊癒
再無窒礙能阻撓我
吸引靈魂伴侶
此刻我深知我完美、
合適的伴侶正與我互相吸引
而我唯需安心信靠此一體認：
品味這等待的過程之時
靈魂伴侶與我的心已合而爲一
正是如此

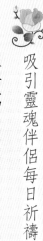

譯註1：印度神話中，黑天神克里希納（Krishna）和牧羊女羅陀（Radha）間有一段跨越階級的不朽愛情故事。

譯註2：阿瑪（Amma），有「擁抱聖人」（Hugging Saint）之稱的印度人道精神領袖。

第四章

活在愛裡

是因為我漂亮所以你愛我，

還是因為你愛我所以我漂亮？

——灰姑娘

在電影《與神對話》中，尼爾這個角色對上帝說：「我只是想要回我的人生。」上帝回應道：「你不能擁有任何你想要的東西。」接下來的一整段對話，上帝對尼爾解釋當你「想要」某個東西（或某人），你得到的就只是「想要」的感受和體驗。

現在，別誤會了，我知道你想要遇見靈魂伴侶，那是既定的前提。事實上，「想要」的感受是一股強大的力量，能促使你將渴望付諸行動。但如果上帝對尼爾說的是眞的，「想要」只會製造更多的「想要」，那麼，一旦我們確定自己想要什麼，就得學會如何將「想要」的狀態轉變爲「擁有」。以最白話的方式來說，就是要讓自己活在想要的情境中。

活在想要的情境中意味著走出眼前的現實，步入你希望成眞的現實，你每天的作爲反映並符合「靈魂伴侶不但存在、而且已經是你的了」的信念。我所聽過此一做法最好的例子，是一位知名女星告訴我的（很可惜不能透漏她的身分，她要我發誓保密）。當她一確定自己已準備好要和別人共度人生，就開始活在那個人已經是她生活一部分的情境中。她會放她想像中他喜歡聽的音樂，改穿美麗的睡衣上床睡覺，捨棄過去一向會穿的T恤和運動褲。每天早晨，她感覺他倆一起醒來，展開新的一天。每天晚上用晚餐時，她會點上蠟燭，在餐桌爲他保留一個座位。根據這位女星的說法，最後他終於出現了。她對宇宙送出清楚的訊息，而宇宙也把此訊息傳遞給對方。

現在你可能不會想要每天晚餐時擺上兩人份的餐具，但不妨開始想想怎麼做能營造出你已經在和另一半共同生活的感受。舉例而言，預購兩張幾個月之後上演的音樂會或舞台劇門票，懷抱著你會前去赴一個火熱約會的意念。或者，下次逛街買賀卡時，挑幾張適合送給另一半的生日卡或週年紀念卡，因爲你知道送出卡片的這一天遲早會來。

有沒有什麼居家用品是你等著要買的（或是你希望結婚時親友會送的）？現在就買吧！如果你百分之百確定你的眞命天子或眞命天女走進你家大門，只不過是幾個月或幾週後的事，你需要什麼來佈置家裡？你會買新的床單、毛巾或碗盤嗎？你會把廁所洗一洗嗎？你會將院子打造成花園嗎？當「爲靈魂伴侶在你生活各領域開創空間」這件事，變成首要之務時，你會知道你眞的、眞的相信那人就要出現了。

還記得我第一次購屋是三十幾歲時，內心不免有些掙扎，因爲我總是想像會和自己的丈夫一起買下第一個家。然而，那時在經濟上對我而言是置產的正確時機，所以我知道我應該放手去做。剛開始幾個晚上，獨自睡在那裡並不好受，我心生渴望與傷感，絕對是處於一種「想要」的狀態，而不是「擁有」的狀態。我深知這種狀態對自己不好，於是決定把我的新天地轉變爲一個愛巢，讓我每次走進去時都會感受到與另一半在一起的甜蜜、溫暖、浪漫和喜悅。包括天花板在內，我把這整個地方漆成柔和的淡粉色，以欣欣向榮的綠色植物點綴其間，還有讓人可以一屁股陷進去的超大尺寸白色沙發。我的家不再冷清孤寂，反而成爲一個舒適、宜人的窩，我很驕傲可以在那裡醒來，更驕傲可以與別人分享。

當你讓自己生活在想要實現的情境中時，你會對人生有全新的觀感。一九七〇年代，人類潛能運動發端，研究顯示，人類神經系統無法分辨想像事件與眞實事件的差別。將種種和另一個人共度人生的滋味召喚過來，不只能改變你的感受，還能改變你的態度、心境，甚至能引導你發展出新的行爲。就當是好玩吧！實驗一下：想一個你希望在人生中多加表現的正面特質，可以是自信、耐心、性感或幽默。現在，想一個具有這種特質的人（可以是你認識的朋友或親人，也可以是你不認識的名人）。深

「愛」將我們以為人活著不能沒有但內心深知不該戴上的面具摘下。

——美國作家　詹姆斯・鮑德溫

呼吸一口氣，想像你走進這個人的身體裡，從他的眼睛看世界。透過這個人的思維和信念望出去，這個世界看起來有什麼不同嗎？感覺起來有什麼不同嗎？如果你一直都是這樣，你會不會得到什麼啓示而採取不同的行動？

等待靈魂伴侶出現的時間，是一個反觀自省的重要良機。想一想：如果你的靈魂伴侶此刻就能看見你的生活，你（和你的靈魂伴侶）會樂於見到你們眼前的畫面嗎？從今天開始，就當作你的靈魂伴侶已經在你身邊般地過日子，這是啓動吸引力法則的祕訣！如果你眞心認爲你的靈魂伴侶就要來了，你很有可能會以比現在更高的標準來要求自己。所以，爲什麼要等到那人出現時才把一切打點好？不要只是設想你一天當中會做什麼，也要設想你在別人面前呈現的樣貌。現在，是時候停止抱怨「好對象都被挑走了」，也務必停止說自己是個「老姑婆」「註定孤家寡人一輩子」或諸如此類貶損的話。切記，你賦予自己多高的價值，就會吸引到相當的對象。如果你有一些不想讓未來的戀人看到的行爲，那就立刻改掉。這可能包括對舊愛的執迷不悟，或是和鄰居任意發生一夜情。

我在遇見我的靈魂伴侶前六個月，認識了一位男士，姑且稱他爲比爾好了。我們之間擦出激烈的火花，但認識他時，我立刻就知道他不是我的眞命天子。我聽說過很多他是個花花公子的傳聞，我知道自己不想浪費時間和心力在他身上。但比爾很可愛、很迷人，而且每當我和朋友出去時，他總會不期然地出現。比爾非常明白地表示他願意也能夠和我來一段露水姻緣，他像瘋了似地跟我打情罵俏。有幾次我幾乎答應了，但接著我領悟到宇宙正在測試我。答應比爾就像在減肥時同意吃下一客糖漿聖代，你會得到一時的歡愉，但事後隨即後悔。我寧可選擇「品味等待的過程」，把焦點放在吸引我的靈魂伴侶，謹記我最終的願望。那並不容易，但我眞的很自豪自己沒有臣服於誘惑之下。

在此我想特別強調一點：「活在想要的情境中」不該被當成貼住低潮情緒的OK繃，這麼做只會助長否認的態度。想要卻不能擁有的事實，可能會讓你時而情緒低落，甚或鬱鬱寡歡，能夠承認這一點是很重要的。當這些感受浮現時，我建議你不要抗拒，給自己五分鐘盡情地憂鬱吧！想像自己身在最深、最暗、最嚴寒的洞底，在日記裡抒發或甚至大聲吐露你有多悲慘、人生有多空虛，徹底自怨自艾一番。如果你想加強效果，此時還可以看著鏡中的自己。我的預測是你恐怕很難忍受超過五分鐘，然後你就會前進到更有建設性的心境去了。排遣掉你的傷心難過之後，抱持著讓自己充滿愛、希望和信念的意圖，坐下來看一部愉快的電影。我最喜歡的一些愛情片包括了《麻雀變鳳凰》《發暈》《愛是您愛是我》和經典名片《似曾相識》。

切記，吸引靈魂伴侶的過程是一種磁力學。一旦決定活在彷彿靈魂伴侶已是你生活一部分的情境中，你就對宇宙發出了擋不住的訊息，表示你「現在」準備好了，而不是有一天會準備好——不是當工作少一點、家裡乾淨一點、你減掉了五磅的時候！還記得一九八九年凱文．科斯納主演的電影《夢幻成眞》中有句經典台詞嗎？「建造完成，他就會來。」活在想要實現的情境中，就像打開心裡的一個電燈開關，而這盞燈將指引眞愛來到你門前。

接下來的摹想活動將告訴你如何打開心中那盞燈，好讓你對宇宙發射清楚的訊息，表明你已經準備好要迎接那本就屬於你的眞愛。

冥想

打開心中那盞燈

輕輕閉上眼睛，從鼻孔吸氣，感覺自己釋放掉一日下來的壓力。隨著緩慢的呼吸，鬧哄哄的思緒越飄越遠，你身心俱定。容許自己完全沉浸在當下。

等心情越來越平靜、安寧、祥和，我要你回想過去某個感受到愛或恩寵的時刻，可以只是望著一個小嬰兒、一隻寵物或一位摯友的眼睛這麼簡單的經歷。現在，讓自己重新體驗那份愛與恩寵，同時將注意力集中在胸口心臟一帶，想像你的心胸益發開闊。吸氣時，將記憶中的愛與恩寵吸進胸口。

現在，我要你想像那份愛與恩寵帶領你找到心中那盞燈的位置。這盞燈以什麼樣貌呈現都好，可以是一個電燈開關、一把火炬、一盞吊燈，甚至是衛星定位導航系統，給你的感受可能是一陣激動或一股暖流，凡是對你而言行得通的皆可。不論你把它想成什麼，只要知道你的心裡有盞燈。現在，看著這盞燈，感受它的存在，伸出手把燈打開。深深吸一口氣到心裡，繼續召喚愛與恩寵的感受，讓這份感受越來越強烈。

吸進這份感受時，放下所有的疑慮與思緒。緊密地與你心中那盞燈連結在一起，想像你對全世界散播愛與恩寵——傳到每一顆心臟裡，不分男女老幼，無論是海豚還是小鳥，每一個有知覺的個體都涵蓋進去。打開心中那盞燈，練習對全世界散播你最純粹的愛，要知道在此同時你也在對你的靈魂伴侶發送訊息，告訴他你準備好了，很樂意指引他來到你的世界。

看著這盞燈從你心裡發光，這道光芒充滿了信任與了解，看著它照亮你身體裡每一個角落，然後照亮你身邊的世界。吸一口氣，吸進這道光，吸進這份愛的感受，繼續把它送到宇宙最遠的地方。

讓自己深深地知道，就是現在，你的靈魂伴侶已經被你內心的能量所觸及。吸一口氣，吸進這份認知——你知道他已經在來的路上了。向自己保證，讓每一個細胞都知道，你的靈魂伴侶就要到來。

你不需要知道將在何時何地遇見他，只要放心地肯定你的靈魂伴侶絕對會出現，並容許這樣的想法為你的嘴角帶來一抹微笑。

告訴自己，打開心燈是很安全的。向自己保證，你是被愛、被呵護，而且準備好了的。要記得你有很多的愛可以付出，也將收到很多的愛作為回報。要知道當你活在彷彿另一半已經與你在一起的情境中時，你便能將愛送給每一個你所遇見的人。而在這麼做時，隨著每一個充滿愛的想法，你心中那盞燈也會越來越亮、越來越熾烈。

當你覺得可以了就睜開眼睛，這麼做的同時，記得保持敞開心扉。

要吸引會愛你、珍惜你、仰慕你的人來到你的生命中，首先你必須成爲自己的頭號愛慕者。也就是說，如果你想吸引迷戀你的人，那就開始迷戀自己吧！如果你期待有一天能和某個特別的人共享喜悅、一起冒險，現在就爲自己創造一些好玩的經歷。我在認識布萊恩之前，有時會想像我的靈魂伴侶和我一起學潛水。有一天，我等累了，終於跑去報名一期潛水課。拿到結業證書後，我計劃和課堂上認識的一票女性朋友去加勒比海來一趟潛水之旅。將計畫付諸行動時，當時和我往來了幾週的一位男士突然對我興趣大增，在那次的旅程中，不論上刀山下油鍋都緊跟著我。

雖然這位男士最終沒有和我開花結果，但他對我作決定的反應，讓我肯定了自己是循著正確的方向前進。「活在愛裡」是一種對宇宙的宣言，宣告你不願把幸福快樂延期到遙遠的未來。每天每天，你越是彷彿已深深沉醉在熱烈的戀情裡一般地活著，眞愛就越容易找到你。

第五章

清單

這天即將到來。

在駕馭了空間、風、潮汐與地心引力之後，

以主之名，我們將駕馭愛的能量。

就在那天，人類史上第二次發現了火。

——法國神學家　德夏丹

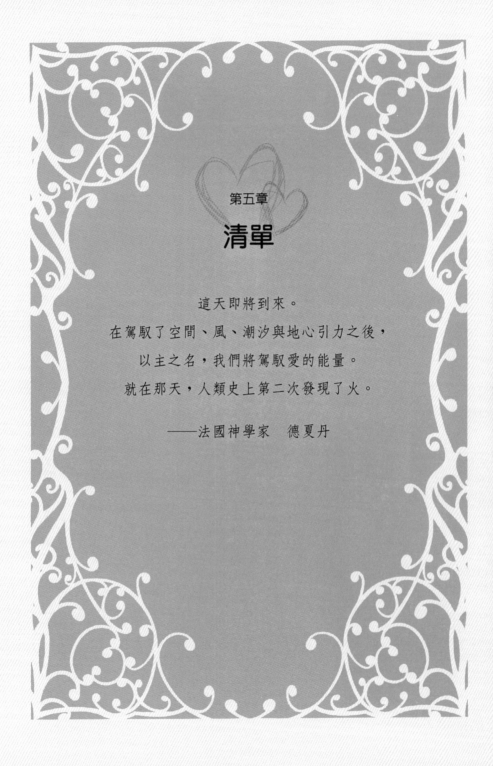

走進你最愛的咖啡館時，第一件會做的事是什麼？當然是點咖啡囉！你很有自信地告訴咖啡師：「我要外帶一杯大杯香草糖漿摩卡拿鐵，低咖啡因、低脂、無糖。」咖啡師笑了笑，收下錢，在紙杯上寫下你的要求。不出幾分鐘，你走出大門，手中拿的正是你要的那杯美味咖啡，準確無誤。

向宇宙指定靈魂伴侶也是類似的道理，雖然不見得那麼隨性，但一樣可以如此精確。對宇宙徹底釋放吸引力的關鍵在於：清楚地指定你要什麼。

當然，指定今生真愛比點一杯你最愛的咖啡，需要更多的深思熟慮。想做出正確的選擇，你必須先探索內心最真實的渴求。我確定現在你大概已經知道自己不要什麼樣的伴侶，但要吸引靈魂伴侶這還不夠。你必須提出自己究竟想要什麼，你的要求越清楚、越明確，宇宙就能越容易地回應你的呼喚。

現在是誠實地想一想你獨有的目標、渴求、品味和喜好是什麼的時候了。當你清楚知道對你而言在人生各領域什麼是真正重要的，你就會開始傳遞出強烈而持續的訊息，這訊息將吸引到一個價值觀和目標與你相仿的伴侶。然而，如果你一直模稜兩可、搖擺不定，落入「開放選項」的陷阱裡，你恐怕會讓「宇宙點單員」很困惑，不知道你到底要什麼。

最近我輔導了一位名叫可琳的四十五歲熟女。她整個成年後的人生，幾乎都在尋找靈魂伴侶。一開始，我試著引導她確切說出自己要找什麼樣的對象，又期望與他共同創造什麼樣的生活模式。我問了一個我自認滿直截了當的問題：你想要孩子嗎？結果令人驚訝地，她無法給我一個明確的答案。經過進一步的晤談後，我發現她其實是不想幫別人養小孩，但又害怕如果不願妥協，就會減少和年齡相近又興趣相投的人交往的機會。一方面，她知道自己渴望過的生活中是沒有小孩子的；另一方面，她又害怕承認這一點。你認爲她對宇宙送出的訊息有多清楚呢？抱著含糊不清的態度，可琳不只是違背願望委屈自己，也讓宇宙很難爲她帶來完美絕配。

妥協與底線

某天晚上，我先生布萊恩和我共進晚餐時，我跟他說起我們的朋友羅貝塔最近的一次相親。顯然她的相親對象有個讓人極其不舒服的習慣，而他似乎完全不自覺。據羅貝塔說，他嘴裡不停發出吸吮的聲音，即使是沒在吃東西的時候。我說著說著，目光本來落在餐點上的布萊恩抬起頭來，放下叉子，直視我的雙眼，就事論事地說：「嗯，這可就踩到底線了。」

我們兩人各有獨特的一套喜好和標準，其中一方完全可以接受的，卻可能是另一方忍耐的底線。每一段人際關係中都需要某種程度的妥協，我絲毫不主張你和你的靈魂伴侶能夠不做出任何調整，就能從此過著幸福快樂的生活。不論就伴侶關係而言，或就身為一個個體而言，妥協和適應他人的需要都是成長的一部分。然而，如果你發現和某個人在一起，意味著必須捨棄你最核心的價值觀，我就會說那人恐怕不是對的人。如果你知道自己一定要有小孩，但卻遇到一個絕對不要小孩的人，那就是踩到底線了。列一張靈魂伴侶特質清單是釐清你的重要價值觀很好的辦法，在遇見靈魂伴侶之前，你的想法越清楚，就越容易從茫茫人海中認出他來。

上帝躲在細節裡

一旦你釐清自己願意妥協什麼、不願妥協什麼時，便已準備好要列出一張清單了。一開始，先想想你期待和另一半共享人生的哪些方面，包括你期待和他一起做的事，以及當他在身邊時，你希望有什麼感受。這裡有一些具體的問題，這些問題的答案將提供關鍵訊息幫助你寫下清單，並且對清單內容更加精雕細琢。

1. 早晨當我躺在靈魂伴侶身邊醒來時，我希望有什麼感受？

2. 我們會過什麼樣的生活？我們兩個都是工作狂或大懶蟲？又或者是這兩者的綜合體？

3. 我們會如何度過週末？到附近爬山、去看電影或參加藝文活動，還是窩在家裡？

4. 我們有小孩或想要小孩嗎？我的人生願意接納別人的孩子嗎？

______

______

______

告訴宇宙你想要的靈魂伴侶有什麼特點，就像在網路搜尋引擎中打上關鍵字。敘述得越精確，越有機會找到條件完全相符的目標。你要對宇宙下一張相當精確的訂單，所以在列清單時一定要包含兩項重要內容：

1. 我的靈魂伴侶是異性戀／同性戀（對，要很明確）單身男女，能夠談一場健康、恩愛、忠誠、長久的戀愛（或步入婚姻，如果你想要的話）。

2. 我的靈魂伴侶住在離我______哩的距離之內，或願意搬過來。

如果你願意搬去你的靈魂伴侶附近，但希望住在某個州或某個國家，也必須清楚表明。我知道有人寫下靈魂伴侶清單之後邂逅了夢中情人，但卻發現對方有不同的性向或住在地球另一邊。我有個朋友，就叫她蘿莉吧，她很確定自己遇到了此生至愛，那人符合她清單中的每一項條件，除了他是同性戀之外。她深愛著他，甚至相信可以改變他。當然，她不可能也沒有成功，最後還花了好久時間才釋懷。我也遇過一位女士，她找到了完美的靈魂伴侶，然而當時的她已開開心心地在美國俄亥俄州的帝騰定居，但他卻住在澳洲雪梨。重點是，向宇宙下靈魂伴侶訂單時，你要很清楚、很明確。

當然，有時候我們也會精確過了頭。我曾遇過一位女士，對於想要和哪一型的男士結婚，要求很細，結果她拒絕和任何超過三十二腰的人約會！她執著於這個具體的條件，因而擋掉了所有不符合的人。順便告訴你，她最後還眞的和符合這個條件的人在一起，但對方是個愛咬指甲的吝嗇鬼，雖然他眞的是三十二腰。伴侶內在的特質遠比外貌的特徵重要，你需要釐清的是前者。這當然還是有例外，有時候也會發生某一個外貌特徵幫助你辨認出靈魂伴侶的情況。

第一次列靈魂伴侶清單時，我具體列出大概四十八條，實在是很長的一張單子。

> 愛情是想像力戰勝智力的結果。
>
> ——美國文化評論家　H. L. 曼肯

其中一項在我下筆時即興冒出來的條件是他要有白頭髮，我並不十分明白爲什麼，截至當時爲止，白頭髮對我來說並不重要，但就是有這個靈感，覺得他要有白頭髮。沒錯，認識布萊恩時，他不只有白頭髮（他三十出頭時頭髮就開始變白），也有我清單上列出的所有特質，除了兩點：他不是猶太教徒、他不下廚。結果這兩點並未導致我倆決裂，一來我並非凡事都要恪守猶太教義才行，二來我們反正不曾少吃一餐，這樣我就滿足了。

放寬你的標準

幾十年前，滾石合唱團就想通了這個道理，他們告訴世人：「不是想要的都能得到。」有時候，我們必須放下我們認爲自己想要的，好留給宇宙一個空間爲我們帶來我們需要的。在「釐清我們想要的」（愛、幸福、滿足）和「固執地堅持我們的願望」（我要在情人節之前遇見他，他至少要有一百八十公分高，而且眼睛是棕色的）之間，有一條細微的界線。接下來的故事是一個美麗的見證，證明了當我們放寬標準、放下心裡的控制欲、把掌控權交給宇宙時，會怎麼樣。

卡希的故事

我的期望黑洞

我的第一段婚姻結束三年後，我依然孤家寡人，尚未找到完美的伴侶。我出門約會，和男伴共進美好的午餐與愉快的晚餐，但他們沒有一個達到我的期望。我心中充滿一種讓我感到空虛、疏離的渴望。我三十五歲，時間就要來不及了。我想生小孩。

我試了很多辦法來加快腳步。一位靈媒告訴我，我未來的伴侶名字字首是B。幾年間，我滿懷希望看著一個又一個的比爾（Bill）和鮑伯（Bob），但他們沒有一個是我的靈魂伴侶。我列了一張理想伴侶十大特點清單貼在冰箱上，還記得第一條是「志同道合的玩伴」。清單日漸發黃、變得破破爛爛，最後掉下來不見了。我過了一陣子單身生活，練瑜伽、學習靈修。

接著發生兩件事。我適應了獨處的時光，甚至越來越享受；再者，我去參加了一場婚禮。

新娘是我工作的電視公司裡一名年輕的實習生。席間，她興之所至邀請我參與她的墨西哥團體蜜月之旅。這算是她的結婚派對，他們包下一架飛機，有一張單人座空了出來，我可以花比一般價格還低的金額加入，飛去瓦雅塔港度個愉快的小假。電影《巫山風雨夜》中，伊莉莎白泰勒和李察波頓就是在瓦雅塔港這個秀麗的濱海度假勝地談情說愛。憑著一股衝動，我決定前去。

那是一場災難。我跟不上這些愛玩的二十幾歲小夥子，他們彷彿豁出去要毀滅自己似的，不睡覺、猛抽菸、喝酒遠超過我能負荷的量、徹夜跳舞、說著我聽不懂的笑話自顧自笑成一堆。結果我早早告辭，接下來一個人自憐自艾地度過白晝與黑夜，覺得自己老了。

格格不入的感覺在最後一天傍晚達到最高點。黃昏時分，我沿著海灘走，最後坐在一面石牆上，欣賞令人折服的美景。周圍都是情侶和度蜜月的小倆口，我心生悲哀，有種孤伶伶、被遺棄的感覺。我坐在那兒，又開始想像我那位神祕的「B先生」。我在想像中勾勒起他就和我坐在這面石牆上的畫面，也從這樣的遐思中得到片刻安慰。我想著，如果他在這兒伴著我，那麼我就完整了。我會很幸福。

在我轉頭去看想像中的伴侶時，那份安慰頓時消失無蹤。我想像中那位男士的白色身影變成一個黑洞，剎那間，我明白到沒人能符合我勾勒出的理想形象。

在黑洞之外，晚霞的色彩包圍著我。我明白到如果我不能很幸福地獨自坐在這片非比尋常的美景與安寧祥和的氛圍中，就算有個伴也沒用。如果B先生不能讓我幸福，我會拿他的缺點來責怪他，然後不再愛他，就像以前那樣。

那一個黃昏時分的領悟改變了我的人生，我的期望從此不同。我放棄所有預設條件。回到家後不久，我在一齣戲劇中和一位名叫拜倫（Byron）的男士聯袂演出。一九八五年，亦即我先生和我離異那年，拜倫和我就認識了。他當時喜歡上我，甚至寫信約我出去，但我沒當一回事。我一直沒認眞注意他，因爲他不符合我想像中理想男人的樣貌。

沒有了對於完美伴侶應該是誰、長相應該如何的期待，我變得能夠欣賞拜倫珍貴的特質。交往八年後，我親愛的、寶貝的B先生，和我於一九九六年結爲連理。這場婚姻之戰對我們來講是大勝，也是雙贏。最近，我發現了那張我以爲已經搞丟的泛黃紙條——我的理想伴侶十大要項清單，很驚訝於那張清單描述的正是拜倫。我不只在我們志同道合的戲劇領域遇見了他，而且他一直是我人生中最好的玩伴。

列出你的靈魂伴侶清單

爲了協助你下筆，以下是一些在列出靈魂伴侶清單時，可以考慮的特質和要點。讀看看有沒有什麼想法，但下筆時只要寫那些對你來說眞的很重要的。如果哪位舊情人和你有過幸福回憶（又或許你們仍是朋友），想一想在回憶中你最珍惜的部分，因爲那或許可以提供線索，讓你知道現在你要找的是哪一類型的對象。列清單時，花多少時間、清單是長或短都無妨。

寬厚　　魅力
可愛　　創意
熱情　　體貼
野心勃勃　　情感上已準備好了
善於表達　　惹人憐惜
面貌姣好　　喜歡＿＿＿＿＿（塡上你的選擇：狗、貓、旅行、唱歌等）

活潑開朗　　善解人意
顧家　　靈活
深情　　搞笑、有趣
會照顧人　　慷慨（你可以加上：在金錢、時間或情感方面等）
愛玩　　性感
敏感　　人際關係良好（和家人、小孩、前任配偶等）
聰明　　宗教態度開放（願意上教堂、去廟裡或清真寺拜拜等）
快樂　　健康
成功　　獨立
支持（你的事業、夢想、鐵人三項訓練等）
喜歡——（下廚、打高爾夫、高空彈跳或任何讓你很 high 的事）
有才華

這裡有一張我的一位朋友最近列的清單：

我的靈魂伴侶二十大特質（無特定順序）：

頭腦好
誠實
深情
情感態度健全
有安全感
有魅力
溫柔貼心
和我有火花
幽默感
善於溝通

身體健康
心地好得不得了
寬厚
有趣
樂於付出
合得來
隨和
成功
感恩

後來，我們將她最終版本的清單重寫，改成讀起來像宣言一樣，好讓她每天對自己複述：

我，萊斯莉·安·里茲*，爲我至愛的靈魂伴侶感謝上蒼。他單身、是個異性戀、已準備好要投入一段健康、深情、堅定的終生關係，我很感恩。他住在離加州聖地牙哥五十五呎內的距離，而且願意搬過來。他是個頭腦好、誠實、深情的男人，情感態度健全，身體健康，心地好得不得了，溫柔貼心、有趣又有安全感。他是個有魅力的男人，和我之間能擦出熱烈的性愛火花。他成功、富足、樂於付出、個性隨和、每天心懷感激。他是個溝通大師，我們共同過著幸福而自在的生活。他即將到來，而我懂得享受等待的滋味。我們很快就會在一起，我很平靜、很放心。我將如願以償。

*化名

現在，如果你是宇宙，怎麼拒絕得了這樣美好的一份訂單呢？一旦列好清單，接下來應該找個你信任的朋友，幫你檢查有沒有遺漏任何關鍵要點。以萊斯莉的例子而言，婚姻和小孩不是她要尋求的目標，所以就沒有寫進去。如果你想要結婚生子，記得要清楚具體地提出要求。你可能認爲自己已經知道要什麼了，但當你清楚、具體而由衷地將渴望形諸文字時，你和靈魂伴侶之間相互的吸引力將增強至少一百倍。事實上，「將你最希望靈魂伴侶具有的特質寫下來」的動作，可能會讓你明白到這個人比你想的更近在咫尺；企業家兼暢銷書作者約翰．亞薩拉夫就是如此。

約翰的故事

事不過三

從有記憶開始，我就想要擁有一份甜蜜、溫暖、誠實、圓滿的戀情。從青春期到二十歲出頭，我學到「靈魂伴侶」這個詞，但無疑地我身邊並沒有一個體現那種愛的模範角色。我朋友的父母似乎沒有一對眞的心意相通，我的父母還比較像室友，而不像靈魂伴侶。如同那個年代的許多人，他們很年輕就結婚，因爲當你和某個人交往過後、關係密切，婚姻便是理所當然的結果。儘管年幼時我擁有很多的愛，從父母身上學到的親密關係最終卻叫我付出龐大代價，不論在情感上或經濟上。

我的第一段婚姻是和一個很棒的女孩。我們有過許多開懷的時光，但如同我的父母，我們基於所有錯誤的理由而結婚。開始交往一年後，我搬離我們邂逅的地點多倫多去創業。最初兩年，她在印第安納和多倫多飛來飛去，好維持我們的關係。一個週末，她對我發出最後通牒：如果我們不結婚，這段關係將畫下句點。基於此，再加上我相信這麼做是對的，我表示同意，我們結婚了。接下來一切驟變，截至當時為止，我們的關係可說很膚淺，雙方不曾深入討論種種重要課題，包括人生、目標、企圖和我們各自的方向與夢想。我們照樣就這麼跳進婚姻，彷彿我們在扮演電影中的角色。我為了創業，每週工作八十小時，她卻無聊到要秀逗了。此外，由於她是加拿大公民，不能在美國工作。明知不可而為之又假裝一切沒事地努力了兩年之後，我決定我倆分道揚鑣是最好的。回憶起來，當初我們都年輕，要說深愛著彼此，不如說慾望著彼此。我們雙雙臣服於結婚的想法之下，我想我們並不是愛上彼此，而是共同愛上了相愛的錯覺。

離婚沒多久，我認識了一個青春洋溢的二十二歲女生（當時我三十歲），我們在一起相當開心。我無意再婚——直到她懷孕了，而我們都不想讓孩子成爲私生子。不知怎地，我將事情合理化，告訴自己因爲我們在一起很開心，所以我們也能養育一個小孩，我們的關係不會有問題的。結果不然。在結婚生下第一個孩子之後，我們幾乎立刻發現兩人之間有多麼不同。後來我們雙雙決定儘管彼此都關懷對方，又希望能做孩子慈愛的爸媽，但我們不該結婚。對我而言很幸運的是，在那之前我們已將另一個很棒的孩子帶到這世上。我再次離婚了，覺得自己在感情上是個徹底的失敗者。

就這樣，儘管我在人生多數領域中頗爲成功，做著所有我相信是正確的抉擇，但要找到靈魂伴侶就像要找到耶穌聖杯般讓我摸不著頭緒。當時我未能明白的是，我吸引眞愛的策略和做決定的過程都有瑕疵。在事業和人生其他領域，我會定下相當明確、清楚的目標，越細節越好；但在感情上，我卻隨機而爲。

不論要花多久時間，我決定保持單身，直到從兩次離婚的傷痛中痊癒、明白自己在這兩段破碎婚姻中扮演什麼角色爲止。幾經反省，我發現自己在感情上很不成熟，而且很固執，以爲自己什麼都知道。事實卻是我完全不知道要當一個很棒的伴侶得付出什麼，也不知道自己究竟想要什麼樣的靈魂伴侶。有生以來第一次，我認清自己對愛和兩性關係的認識是多麼有限而淺薄，我也明白到自己正是父親的翻版。

這一層新的領悟讓我做出兩個重要決定。首先，我要像經營公司一般，投入同等心力學習成為一位好伴侶。其次，我要運用吸引力法則來尋找我的完美伴侶。

一天，就在我重新檢視人生目標時，我詳細寫下自己想要一個什麼樣的靈魂伴侶。下筆時，我描述了每一個細節：她的個性、笑容、言談舉止、喜惡、熱忱所在、性向、家庭狀況、宗教觀點、對旅遊的渴望，乃至於其他每一件我想得到能代表我理想對象和靈魂伴侶的特質。寫完清單又修修改改直到臻於完美後，我把它歸檔，收在我的目標設定資料夾中，不再理它。在人生其他領域，我都相信宇宙會滿足我的渴求，在感情的領域也就沒有理由懷疑行不通。換言之，我對賜予我們生命的那股力量有百分之百的信心，不需多費力氣，也不需設定時間，我一定會找到靈魂伴侶。

週六一早，我在健身房一邊騎單車，一邊和一位好友閒聊，兩位艷光四射的女士走進健身房。我立刻指著她們給好友看，笑鬧著說他和我從來不曾同時單身。我留下朋友一個人繼續運動，自己走下樓，若無其事地對著美得讓我無法抗拒的那位可愛小姐自我介紹。我們小聊了一下，我問她在聖地牙哥有什麼好吃的、好玩的，因爲我才剛從洛杉磯搬到那裡。她說大部分週末她都會和一夥人在海灘的某個地點相聚。接下來的週末，我帶著兩個兒子去了她所描述的確切地點。猜不到吧？我們抵達之後一小時，她出現了。那是一段斷斷續續維持了六年的美好情誼之始，我還沒準備好許下婚姻的承諾，也從一開始就讓她清楚這一點。

一天，我整理起我的目標設定資料夾，發現幾年前詳細寫下的完美靈魂伴侶清單。讀著讀著，我越來越清楚自己已經遇到靈魂伴侶卻不自知。我寫下的東西完全精確地描述了此刻正在和我交往的女子。不消說，我向她求婚，很幸運地，她也答應了。婚後，我給瑪麗亞看我幾年前寫下的清單，她簡直無法相信。我們都很驚訝敘述內容的細節與精準度。幾年來，我們的感情持續加溫，而我們兩人都是吸引力法則的堅定信仰者。

審慎考慮過你的伴侶應該確切具備什麼重要特質之後，就在美麗的紙張上寫下來吧！寫下每一個字時，想像你現在已和靈魂伴侶生活在一起，對他的存在心懷感激。你知道你和靈魂伴侶最後終於找到了彼此。一邊列清單，一邊享受伴隨這一重認知而來的喜悅、幸福、熱情和平靜。

既然你已列出清單，以一個神聖的儀式「釋放」它是很重要的步驟。藉由象徵性地對它釋懷，你等於是在放下心中的執著，不去掛慮靈魂伴侶會在何時何地如何到來，放心讓宇宙接手後續細節。如同狄帕克．喬普拉在《成功致勝的七大精神法則》中所言：「為了在有形的層面獲得任何東西，你必須放下對它的執著。這並非意味著你放棄了創造渴望的意圖……而是你放下對結果的執著。」

挑個特別的日子執行此一儀式，或許在月圓時，或許在新月時，或許在週五（愛神維納斯之日），或許在任何你認為特別的日子。在一天當中選個你感覺對了的時間（我是在週五正午「釋放」我的清單），然後選個地點，可以是在你新布置好的風水臥房桃花壇前，或在大自然中一個寧靜的地點，又或者在你家後院。

一開始，大聲朗誦你的靈魂伴侶清單，讓每一個字眼、特徵、特質和渴望引發的感受在內心激盪。接下來，懷著你的願望已經被聽見、被認可的信念，將清單放進一個防火材質的容器中燒掉。當清單燒成灰燼時，要知道你最深的意圖已被移交給無形的力量，這股力量將精心安排你和靈魂伴侶相遇的時間和地點。把灰燼「放水流」，例如丟到大海、河川、湖泊裡。如果沒辦法這麼做，也可以埋在花園裡。甚至如果你想留待日後參考用，也可以只是收起來，放在某個特別的地方，當作象徵性地釋放了它。

閉上眼睛靜坐幾分鐘，感覺你的心敞開、變得寬闊，知道你的祈求已被釋放給宇宙的力量。靜下心來對你至愛的那個人傳送訊息，告訴他你期待很快就能遇見他。

如果你不想燒掉清單，也可以大聲朗誦一遍，然後折成小小的一團，綁在一顆紅色或粉紅色氣球上，把氣球拿到戶外一個景色宜人的地點放飛。隨著氣球在空中越飛越高，你知道你的祈求上路了，只等著被回應。或者你可以像我朋友戴妮艾兒那樣，把清單封在信封裡，收在床墊下，調皮地想要有天拿出來嚇她的靈魂伴侶一跳。

你也可以將清單重謄一遍，堅定自己的決心（像第一二二頁的萊斯莉那樣），然後把它放在你的桃花壇上。

靈魂伴侶清單儀式的最後一個步驟，是要舉辦一場私人慶祝會。你可以很簡單地只是在一個別緻的地點享受一杯香檳，一邊喝一邊練習將愛的光芒照射在每個你看到的人身上。或者你可能想烹調一頓美味大餐，在桌上擺兩副餐具，點上蠟燭，播放羅曼蒂克的音樂，讓自己沉浸在「命運之輪已為你和你的靈魂伴侶滾動起來」的認知中。只要你感覺對了，任何形式的慶祝都是完美的。

個人化清單寫法

有些人覺得寫一張靈魂伴侶特質清單的動作有點太過正式或一板一眼。如果你是不按牌理出牌的創意份子，或許會覺得以彩繪、素描或塗鴉來勾勒靈魂伴侶特質的方式較得你心。接下來的故事就是發揮創意的美好例子。

蓋兒的故事

彩繪愛的曼陀羅

一九八四年十二月，我二十七歲，有一份充滿創意、令人興奮的工作，與我合作的夥伴是電影與錄影帶編輯，以及電腦動畫繪圖師。我擁有一戶很棒的雙層公寓，內附旋轉樓梯，磚牆裸露，位於芝加哥密西根湖附近一個多采多姿的區域。工作之餘，我是即興喜劇表演團的一員，身邊圍繞著一群愛玩的朋友。整體而言，我的生活很不錯，但我好寂寞，我渴望有個伴，有個能和我分享生活的男伴。我似乎用盡了所有辦法——和朋友的哥哥相親、透過生意夥伴的介紹相親，甚至和別棟鄰居去約會。可是，老天爺啊，沒有火花！我退回自己的單身生活中，對生命賜與我的一切禮讚懷抱感恩之情，就算沒有夢中情人也珍視我所擁有的福報。

聖誕節和新年近在眼前，我沒有約會，但還有朋友。我藉由和團員及合作夥伴共進晚餐把時間填滿，安靜的夜晚則讀讀心靈類書籍、練練瑜伽。一天深夜，我翻閱著占星書，記起占星老師曾對我說過有關找尋終生伴侶的事情。她建議我拿一幅曼陀羅（一種錯綜複雜的圖案，通常呈圓形），以色鉛筆或麥克筆為每一個細微的區塊上色，同時說出或想著我希望未來老公具備什麼特質。

我躺在臥房地板上，眼前是那幅曼陀羅，彩虹般的各色鉛筆像扇子一樣在我身邊攤開，白檀木線香燃燒的氣息在空氣中飄蕩，我表明自己的意圖：找到和我共度人生的完美精神伴侶。我挑出一枝顏色很漂亮的鉛筆，開始在一小塊區域中上色，專注地一一想著我渴望未來伴侶應具備的特質。在一塊空白中塗上紫色時，我想著：我要一個對動物有愛心的男人。塡上靛青色時，我想著：我要一個欣賞我的幽默感的男人。我逐一細想，然後以一抹色彩將空白塡滿。鮮豔的綠色是「我想要一個對侍者或餐廳服務生很和善的男人」，寶石紅代表「對我在心靈上的追尋抱持接納、開放態度的男人」。一項接著一項，我爲每個不同的想法畫下不同的顏色。這男人要跟我一樣喜歡我某些在別人眼裡看來很奇怪的特質（不，我才不要告訴你是什麼）。還有，最後，這男人要能和我分享我的夢想。

占星老師說要很明確。我的曼陀羅越來越多彩，繽紛地述說著我渴望未來伴侶具備的特質。想著「我要一個電臀男」時，我有點害臊。專注於這個特定的想法、爲相對應的區塊上色時，我感覺不十分柏拉圖（喂，我那時才二十七歲，還是有點膚淺啦！）。上完色的曼陀羅看起來像萬花筒，漩渦狀的鮮豔色彩構成了一個多重切面的寶石圖形。我已對宇宙遞出訂單，接下來的事就不歸我管了。

聖誕節過去，我面臨到跨年夜。有位完全能夠討我歡心又不想和我只是朋友的男士找我出去，也有一位只想和我當朋友的男士對我提出邀約，兩者皆非理想方案，於是我決定不如和好友們一起迎接新年。即興表演團的夥伴相約晚上十一點在本地一個夜店碰頭，我很高興自己是要與他們共度，而沒有只爲了跨年就和某個人配成對。

一九八四年十二月三十一日，大雪紛飛的夜晚，我腦袋裡裝滿了健康的新年新希望，決定去健身俱樂部運動一下。我已經和我的人生達成和解：我單身，有很棒的朋友、很棒的生活、待遇優渥的工作，就算永遠都遇不到夢中情人也罷，我很滿意我爲自己創造的生活。

我開著我的裕隆小 Sentra，朝芝加哥的東岸俱樂部前進，覺得自己像鋼珠台裡的一顆鋼珠，在大街小巷穿梭，慶幸沒有在積雪的路面上打滑而撞到停著的車輛。毫不令人意外地，通常很熱鬧的俱樂部空出許多停車格。連櫃檯小姐都很驚訝有會員在這種寒冷的大雪跨年夜跑來運動。

我一進入俱樂部，便火速衝去踩腳踏車暖身。踩著踩著，我呆望前方，很快就放空了。平日人來人往的俱樂部鬧空城計，這樣才好，我沒化妝，一向朝氣蓬勃的短髮看起來像個鳥巢。突然，不知從哪冒出一個很吸引人的黑髮男子。他跨上我旁邊那輛腳踏車，騎了起來。「你打算騎多久？」他問。我沒心情和他攀談，因爲我很滿意我的生活。「三十分鐘。」我答道。我眞的沒興趣開口，也眞的希望他走開，別理我和我的鳥巢頭。

「好極了，」他說：「我要騎四十五分鐘。」他的棕色大眼睛對我微笑。

我們小聊了一下各自的跨年計畫，我氣呼呼地回話。他要和一個朋友去參加派對，我告訴他我十一點和朋友有約。我們交換了名字，伴著腳踏車輪的颼颼聲零星交談。「好了，我要去做一些伸展，很高興和你聊天。」我說著便溜去一間裝有鏡子的大房間，從架上拉下一塊墊子，開始做一連串的瑜伽伸展操，爲能夠獨處鬆一口氣。嘖，這是我最後一次剛做完臉就來健身。我看著鏡中自己紅潤的臉頰想。肩立式、犁鋤式、魚式。有個人在打開的木門間探頭探腦。「嘿！」棕色大眼男說：「你運動完想不想喝杯柳丁汁？」我們相約沖澡後在用餐區附近的吧台區碰頭。

神奇的是，沖個澡再加上吹乾頭髮，能讓你的態度大轉變。我的情緒平復過來，到用餐區去找棕色大眼男霍華德。我們點了柳丁汁加冰塊，聊起天來。他很甜、很敏感、很風趣，而且超級可愛。俱樂部打烊時，我們幾乎還來不及喝完柳丁汁。我們交換名片後，定下了星期三的晚餐約會。

我在芝加哥有史以來其中一次最嚴重的暴風雪跨年夜裡開車回家。厚重的雪急速落下，像條毯子蓋住我的擋風玻璃。一回到家，我立刻梳妝打扮準備去跨年。搭計程車看來是比開著我的小進口車穿梭安全。天氣壞得難以置信，大雪擋住視線，眼前沒有一輛計程車或私家車。我在雪地裡拖著步伐回到公寓，狂風呼嘯，碎冰打在窗玻璃上，我窩在家中喝冒著熱煙的花草茶，看一個晚上的馬克斯兄弟影片。

星期三晚上，霍華德來接我去約會。他很帥，對我說的笑話很捧場，在我談到冥想時也沒有排斥。我們去了一家時髦的墨西哥餐廳，坐在窯式壁爐附近，一直聊、一直聊，共享美味佳餚，又拿跨年夜癱瘓了交通的大雪來取笑。他眞的很甜，對服務生超親切。他愛小動物，熱中武術，有隻叫小狼的貓咪。身爲鼓手，他喜歡各種音樂。那眞是個美好的夜晚。

我們可以聊上一整夜。我們志趣相投。因爲我們第二天都要工作，所以在十一點半打道回府。霍華德陪我走到家門口，和我吻別道晚安。很棒的一吻。我看著他沿公寓裡的通道往前走，當然了，你知道的，他有性感電臀。從此我們就在一起了。他是我的夢中情人，我們是名副其實的靈魂伴侶。（你也可以彩繪一張曼陀羅，參見第二一四頁。）

我很喜歡這個故事，因爲它總結了主宰吸引力法則的幾個關鍵：在實現眞愛美夢的過程中，蓋兒輕鬆、愉快、滿足地過自己的生活，也以喜悅盼望的心情看待尋找靈魂伴侶這件事，而不是抱著有所需求的態度。這一點很重要，因爲拯救你的人生、幫你擺脫債務、或助你走出內心陰霾，都不是靈魂伴侶的工作。靈魂伴侶是一個朋友兼夥伴，與你共享人生最私密的部分。這個人明白靈魂兩相契合的力量與美好，在你沒辦法的時候也能爲愛保留一個空間。我的朋友美欣在努力尋找靈魂伴侶時，她祈求的是「我希望自己有多幸福快樂，就要讓對方一樣幸福快樂」。在說出這句祈禱詞不到兩小時，她遇見了六個月後成爲她老公的男人。時至今日，事隔十二年，他們還是百般恩愛。

尋找靈魂伴侶時，盡你所能地保持心情放鬆、愉快。你從不懷疑幫你點單的咖啡師會帶什麼來給你，所以你也不應該懷疑宇宙爲你帶來眞愛的能力。

第六章

揮別過往

愛就是另一個人的幸福對你的幸福而言不可或缺。

——美國小説家　羅伯特・海萊恩

還記得「瘋狂」一詞舊有的定義嗎？愛因斯坦說那就是一而再、再而三地做同一件事，卻期望有不同的結果。試圖找到靈魂伴侶，卻不先將過去的情感和心理障礙清除，你就有可能吸引到過去和你交往失敗的同一種人。如果你還背負著昔日戀情的情感包袱（我必須要說多數人都是這樣），請現在就下定決心解決它。一旦將自己從過去的心痛、怨悔和失望中釋放，你就爲健康、幸福、美滿的伴侶生活奠定了基石。

讓我們開門見山挑明了講吧！人的一生中沒有不受傷的，所有人都不能不面對此一鐵錚錚的事實。不論是童年過得很苦、遭到愛上的人拒絕、或一段關係破裂帶來絕望，我們都有需要治療的情感傷口。爲做好吸引靈魂伴侶的準備，你必須現在下定決心主動開始療癒內心最深的傷。請注意我說的是「開始」，對許多人而言，這可能是一趟終其一生的長途旅行，並不是非得徹徹底底放下情感包袱才能得到靈魂伴侶。事實上，靈魂伴侶所做的事情之一，就是幫助你治療最深的傷。但話說回來，如果你眞的決意要送出清楚、純粹的訊息，告訴宇宙你準備好要吸引一位健康、堅定的伴侶了，那麼你眞的一定要清除掉困住你的情感障礙，擺脫過去的負面影響。

想一想清單上你希望未來情人具備的特質與特徵，然後問問自己，就情感面而言，你是否能和那個人匹配。如果你的心牆有十呎厚，你可能已在不知不覺間和眞愛拉開了距離。一顆背負舊傷、充滿失望與怨悔的心，是沒有足夠空間讓愛走進來的。事實上，未經處理或尚未痊癒的情傷，可能會混淆你傳送給宇宙的訊息。一部分的你對親密關係大爲歡迎，但你那顆受傷的心卻不自覺地說：不要，我怕再度受傷。現在，你的工作是揭開傷口，展開療程，才能送出清楚的訊息，表明你已準備好去愛人了。而這個療程的中心課題是，原諒。

原諒的力量

一天早晨，我在看電視新聞，恰巧看到一個片段，是關於一位十年前痛失愛女的母親。這位母親說，一直以來，她都對那個殺害她女兒的男人滿懷憤怒、悲苦和仇恨（對方正在戒備森嚴的監獄中服無期徒刑）。但最後，她再也無法忍受抱著這樣的憤怒度日，於是她寫了一封信給他。信中，她告訴對方她終於決定原諒他。她告訴新聞主播，這封信投進郵筒的瞬間，她所有的憤怒與不平煙消雲散，她感覺她所給予對方的原諒徹底釋放了自己。她說要是知道原諒有這種力量，她早在幾年前就會原諒他了。

同樣的，要拆除將愛擋在門外的情感障礙，我們必須召喚原諒的力量。在得獎之作《從心看離婚》中，我的妹妹——暢銷作家黛比．福特說：「原諒是一條從過去通往未來的通道。」簡言之，一旦治好過去的傷，我們就打開了一扇門，通往美夢成眞的未來。

蔻蕾朵的故事

治療舊傷

從一開始，我和男人的交往就很短促而不帶感情。十八歲生日那天，我出去玩喝得醉醺醺的，結果和一個談不上認識的人發生關係，失去了童貞。一年後我在一間酒吧，也是喝得醉醺醺的，讓一票我只有一點模糊印象的男人載我回家。接著發生的事情在往後好幾年都左右著我的決定，因爲我蒙受集體強暴造成的羞辱與墮落。後果不堪設想，從那時起，我吸引到的男人完全反射出我對男人的憤怒與我對自己的痛恨。

我和憤怒、狂暴、仇視女性的男人，陷入一段又一段牽涉到性、毒癮、酒癮和賭博的關係。這些男人沒一個尊重我，因爲連我都不尊重我自己。這些男人從未在情感上做我的支柱，因爲連我都不是自己情感上的支柱。這些男人沒一個對我忠誠，因爲連我都一直在背叛自己。他們都像我一樣，困在欺騙和否定的陷阱中。

二十七歲時，我跑去戒酒，開始相信神的力量，也開始研讀形上學，並且讀了一本又一本現在被稱爲吸引力法則的相關書籍。華勒思·華特斯、凱薩琳·龐德、厄尼斯特·何姆斯、艾莉斯·貝利、諾曼·文森特·皮爾、詹姆士·艾倫、夏克蒂·葛文，成爲我的床頭最佳良伴。我開始運用創造性觀想法、正面肯定激勵法和藝術拼貼願景板來幫助自己想像並獲得一個心愛的伴侶。我從雜誌上剪下照片和影像，做了一張靈魂伴侶尋寶圖，畫面中是一個黑色頭髮的俊男。我甚至剪下一張婚紗照，每天冥想這個男人和這件婚紗的樣貌，以及結婚這個舉動。但內心深處我還是沒原諒自己和強暴我的人，所以當我吸引到的男人反射出我內心對自己缺乏愛和尊重的情形時，就毫不令人訝異了。

我相親認識了第一任老公。他和我願景板上那個黑髮男簡直是同一個模子刻出來的，認識不久他就向我求婚。在能量上和情感上，那段關係完全符合我當時的心境。我們對彼此說話都很不客氣，也無法做對方的支柱。大勢底定之後，我們雙方都很失望、很幻滅。最後的結果對我來說反而是好的，人生的燈火終於點亮了。

在情感上，我跌到谷底，最後終於必須承認那次強暴留下的憤怒仍積壓在我的心中，我還是視自己爲受害者，充滿了報復之情、對人不信任而無能付出感情——不只是對男人，也是對我自己。這才是我眞正復原的第一步。我決心單身一年，善自內省，好將自己從不斷干擾現在的舊有傷痛中釋放出來。我學著原諒，學著放下仇恨，學著看清自己在人生劇本中的角色。總算，我重新獲得有希望的感覺。謙卑悄悄代替了長久以來的憤怒與恐懼，我成爲自己尋求的愛的源頭，終於原諒了自己。四十四歲的我準備好要讓上天的旨意帶領我的親密關係，我每天禱告，祈求神來決定我的終生伴侶應該是誰——如果我可以擁有的話。一天早晨醒來時，我再度感到了希望。

這段期間，我在指導一些客戶以網路爲媒介尋找終生伴侶。我猜「你教別人的其實正是你最需要學的」這種說法是眞的吧！我的客戶收到了很好的成效，於是我想我也應該試一試。第二天，我連上一個交友網站，哎喲喂呀！眼前冒出來的可不是全天下最俊美的男人嗎?我甚至讀都沒讀他的簡介，只是看著他的眼睛，第六感就發出「碰!」的訊號。我嘗試聯絡他，他回了我電話，聽到他聲音的瞬間，我立刻知道就是他了!沒有焦慮，只有一種平和、溫暖、友善的感覺，絲毫不像我先前在每一段關係中經歷的浪漫與渴望。我們兩人很快體認到彼此是天造地設的一對，從相識的那天起，我們就沒分開過。

在情感上，我的傷口已經復原，內心是完整的，我和靈魂伴侶的關係因而得以建立在堅固的基礎上。打從一開始，我就做了一個重要的決定，那便是我永遠不會對他說出一句不尊重的話、擺出任何不尊重的態度。我們各自在過去都有不愉快的戀情，而且深知不願再重蹈覆轍。經驗告訴我們：「如果你老是在做一樣的事，就會永遠得到同樣的結果!」

當然，我們決定以海誓山盟和結爲夫妻來榮耀這份忠貞不渝的愛。結婚時，我們達成永不選擇離婚的共識。我們總是會在睡前解決兩人之間的分歧，把對方擺在第一位，完全支持彼此的心靈成長和個人成長，不玩把戲，不爭主導權，始終陪伴在彼此身邊，但又不會太黏而造成對方的陰影。我們是一支團隊，我們是最要好的朋友。基於對彼此的愛，我們甚至也會直言不諱的糾正對方。有好笑的事情，我們一起笑。我們知道我們不是完美的，但卻是一對完美的絕配。要不是我原諒了自己、原諒了我認爲背叛了我的一切，我是無法吸引到這樣一段健康關係的。

蔻蕾朵．拜倫—雷德的故事，有力地說明了原諒是個一體兩面的過程。首先，我們必須原諒傷害我們的人。其次，我們必須原諒自己長久以來都沒有聽從直覺，原諒自己基於絕望做出錯誤的決定，也不再拿任何成千上萬件事情來責怪自己。

原諒自己

在第二章，我鼓勵你寫封信給任何一位你還無法釋懷的舊情人，然後從對方的觀點反過來寫信給自己。希望你完成任務了，因爲那是接下來下一步的入門課程。要更進一步地將自己從過去釋放出來，現在，我想請你寫一封原諒自己的和解信。原諒自己浪費時間沉溺在對你來說並不是最好、最理想的關係中，是很重要的動作。把這份心意寫下來，也同樣重要。下筆時要明確，寫出所有導致你封閉內心的人的名字，也寫出特定事件的始末。在每一段的結尾，請加上這句話：我完完全全、徹徹底底原諒自己的所有舉動，也完完全全、徹徹底底原諒＿＿＿＿＿＿（填上姓名）所做的事情。現在，我祝福自己和＿＿＿＿＿＿（填上姓名）。我懷著感激接受心靈的治療，我心將會痊癒。

寫完這封信後，對自己大聲唸出來，感受一下原諒所帶來的解脫。你或許會感覺心門大大地敞開了，你或許會感覺只朝原諒的目標前進了一點點。不妨考慮在接下來十天，每天都對自己大聲朗讀你的和解信。這麼做之後，如果你覺得毫無進展，不妨考慮向諮商師、靈療師或心理醫生尋求協助。順帶一提，如果你覺得很抗拒寫和解信，就讓自己抗拒個幾分鐘，然後不管怎樣都坐下來開始動筆。

愛與被愛的感覺
是太陽同時從兩邊升起。

——美國心理學家
維士卡特

原諒活動

完成這個活動，你需要：

- ❑十到三十分鐘。
- ❑信紙和一枝好寫的筆。
- ❑蠟燭和安寧祥和的音樂（我偏好彌撒音樂）。
- ❑完成這個任務的意願。
- ❑「斷線」和原諒的意願。

一旦原諒了自己和過去的情人，就是輕輕地、溫柔地切斷和他們在能量上連結的時候了。許多能量工作者相信，在能量的層次上，我們和親密愛人之間會形成一條牽絆彼此的情繩愛索。這可能是正面的，例如浪漫的初吻在兩人之間形成的連結；也可能是負面的，例如分手或激烈爭吵後留下的情傷。這些能量之線具有引力，會讓兩人間的思想、情緒和能量來來回回牽扯不休。在人生的某些時候，你可能也體會過這種引力的存在。可能你終於決定結束一段關係，勇敢地在情感上拋開過去往前走，然後冷不防大吃一驚——前任情人突然來電要你回頭。這怎麼回事？在做出拋開過去往前走的決定後，你就干擾了牽扯你倆的情繩愛索。在某種不自覺的層次上，你的舊愛感應到了，於是意圖接觸到你，重建你倆的能量之線。

在這個程度上和任何舊情人保持連結，你將無法全心全意爲一份新的關係投注能量。再說，能量之線的後遺症，可能眞的會以身體疼痛的形式顯現。我聽過很多案例是當能量之線切斷時，頭痛、背痛和各種後遺症都不藥而癒。

那麼，我們要如何切斷這些能量之線呢？首先，我們必須對自己誠實，確定我們在情感上眞正地、由衷地準備好要「斷線」了。一旦你確定是可以斷線的時候了，不妨找個能量治療師，或者乾脆靠自己，就用我到本章結束前會跟各位分享的方法。

許多年前，我在一本有關印第安人的書上讀到舊情人會在女人的子宮裡留下「發出綠色螢光的繩索」的說法，女人則會去山洞裡冥想三天，好鬆開這些能量之線。在山洞裡，她會一一回想每位舊情人，與他們進行原諒與感激的內在對話。做好心理建設之後，她會想像自己切斷一條仍舊牽連著他們的有形繩索。

我沒有山洞可去，但當我試圖切斷與舊情人的連結，以便在心裡為靈魂伴侶開創空間時，我確實會懷著類似的意念，每天花點時間靜坐冥想，回憶我仍覺得和他在能量上有所牽扯的舊情人。我會在理智上和情感上感謝他曾參與我的人生、激勵我成長，並且幫助我釐清自己真正想要的是一個什麼樣的男人。我會閉上眼睛和他對話，說出一切我覺得需要訴說的話語，有時甚至想像他可能想對我說什麼。接下來，我會想像我在自己的子宮裡，在那兒有條能量之線仍將我和舊情人連接在一起。在腦海中，我想像自己找到那條依附著他的線，然後用一把小小的剪刀剪斷，看著它消失。

如果這個方法感覺太奇怪了（又或者如果你是個男人），不妨想像那條線連接你的「生殖輪」，這地方就在肚臍下面一帶。閉上眼睛，想像這條線連接你和那人，和他來一場內在對話，把你需要說的都道盡，然後想像你拿把小刀或利剪，斬斷那條線。那條線一斷，你說不定甚至能感覺到你曾經投注在對方身上的能量又迴流給你了。

如果你對進行這樣的想像有困難，或許你比較適合以下的儀式，這是我從人類潛能導師史蒂芬·柯維與艾瑞克·B·羅賓斯醫生合寫的《雙手療癒力》一書概要擷取來的。具體地將過去沖掉，看著往日種種流下排水孔，是很過癮的一件事，甚至可以和我剛剛描述的冥想法結合在一起。

釋放過去儀式

準備項目：

- ❑二十六盎司鹽巴（任何一種調味鹽都可以，就是不要瀉鹽）。
- ❑蠟燭。
- ❑一條乾淨的浴巾。
- ❑十五到三十分鐘不受打擾的時間。

在浴缸裡放滿熱水，加進二十六盎司鹽巴。趁著放水時，點幾根你最喜愛的蠟燭，關上燈。身體泡進鹽水裡，回想每一位舊情人，一邊想，一邊默默地原諒對方，並請求對方也原諒你，不論你們曾經如何互相傷害。另一方面，爲那些對方曾帶到你人生中的正面事物而感謝他，包括你從中學到的教訓，以及你因爲曾經和他在一起而今得以獲致的自我認識。

接著，想像有一條能量之線以一種負面或造成限制的方式連接你和他。閉上眼睛，看看你能否在身體裡找出仍和他相連的部位。你可能會察覺到渴望、怨恨、甚至麻木。深呼吸，感覺一下和這段過去的連結是如何導致現在的你無法去愛。然後專注於觀想那條連接你倆的線，決定一下你想怎樣切斷。你可以擺出空手道徒手劈木板的動作，也可以假裝手中握著一把剪刀或水果刀，就這麼咻地一聲切斷。線一斷，拍手三下，讓曾經透過這條線流動的能量煙消雲散。

完成後，放掉浴缸裡的水，好好沖個澡（泡過鹽浴之後一定要從頭到腳徹底清洗），用你最喜愛的香皀和洗髮精，把頭髮和身體洗得清潔溜溜，將能量之線殘餘的負面能量連同鹽水清洗乾淨。

有時候，我們巴著過去不放是爲了分散對眞愛的深刻渴求，即使這樣很痛苦、很空虛。當寂寞來襲，我們很容易會思念起舊愛而充滿苦澀之情卻不自知。我們耗盡精力，讓自己從當下抽離。

這時，不如去想想你在靈魂伴侶清單上描述的那個人吧！爲了和那人建立強烈的能量連結，你必須把全副心力專注於此時此刻。只要你還巴著過去不放，就無法在當下去愛。現在，是時候由衷全力地好好治療你的心了，即使這可能意味著必須去感受靈魂伴侶尚未出現的痛苦。你想和對方產生連結的渴望是一塊強力磁鐵，一旦敞開心扉，你就會變得容易親近、不設防，甚至讓人完全無法抗拒。清掉連接著你和過去的能量之線，是在對宇宙傳遞一則清楚的訊息：你已做好準備，現在就願意且能夠和靈魂伴侶結合了。

第七章

行動

找到一個不會無視於你的不同卻仍舊愛你、
而且正因你的不同之處才愛你的人，
你就找到了此生真愛。

——美國特殊教育專家　利奧・巴士卡力

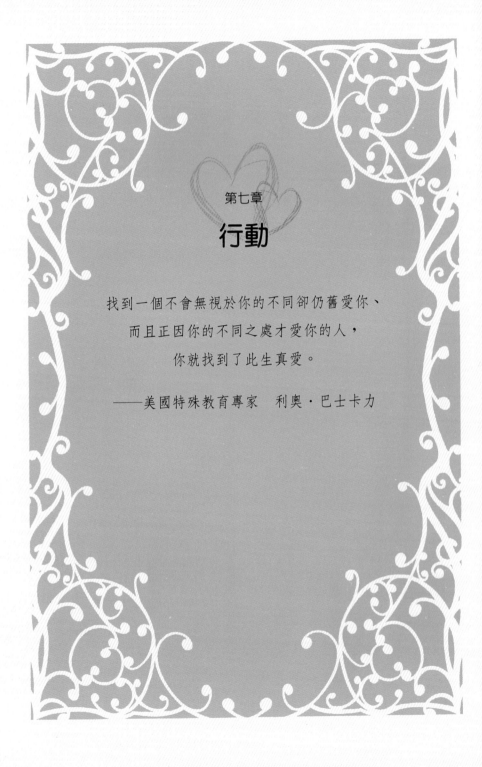

許多年前，我寫下《不思議情人熱巧克力：一〇一個緣分天注定的眞實故事》一書。寫作過程中，我發現了一些靈魂伴侶找到彼此的方法，當頭棒喝般地體認到就連最不可思議、無法以科學解釋的邂逅，都需要準情人採取行動——準情人必須有意地「在對的時間去到對的地點」。這裡是一些有用的做法：

1.拿定主意、付諸行動

列出你渴望的情人特質清單、立定要找到今生完美伴侶的主意後，重要的是留心觀察線索，在身、心、靈各方面準備好迎接命運的呼喚，才不會錯過行動的時機。我的朋友尙·洛奇是位成功的總裁兼演說家，他就是運用這條制勝法則找到了靈魂伴侶。

尙在三十六歲時，開始覺得自己恐怕永遠找不到對的人定下來共組家庭。他每週因公出差兩次，在難得在家又只在每座城市待一兩天的前提下，他懷疑自己能否交到女朋友。我和尙分享了一些我們在本書中探討的法則，雖然他表示不太相信這一套「作法似的玩意兒」（依照他淘氣的說法），他仍決定試試看。他拿定主意要找到完美伴侶，做出一張尋寶圖，圖中滿是幸福男女躺在沙灘上和在後院營火邊談情說愛的圖樣，他特別從中挑出一張有個男人肩上揹著孩子的照片，存進 iPod 和手機裡，讓他每天都能看到。

一天下午，尚搭乘飛機要去奧蘭多演講。航行途中，他通常全程都在工作或檢查電子郵件，這次卻碰巧注意到爲他送來一杯紅酒的空服員皮雅。在奧蘭多短暫停留一天後，尚登上回西岸的飛機，竟發現回程也是同一班機組員。起飛大約一小時後，尚聽見一名乘客對其中一位空服員出言不遜，激得他採取行動。挺身而出爲空服員說話的他，再度與皮雅四目相接，另一位空服員察覺到兩人間的火花，開口說：「尚的仗義執言值得獎勵，我主張獎品是皮雅的電話號碼！」尚也眞的抄下皮雅的電話號碼，並在一週後打給她。從他倆第一次共進晚餐起，他們就感覺彷彿已經認識彼此好多年了。

2.出席同學會再續前緣

「不知道某某某怎麼樣了？」有多少次你興起這樣的念頭？很多人是透過出席同

我最大的希望是笑得如同哭得多，
完成我的使命，試著去愛一個人，
並且有勇氣接受對方回報的愛。

——美國作家　瑪雅．安傑羅

學會或主動聯絡失聯已久的朋友而找到眞愛的。最近我讀到關於貝利夫妻查理和卡琳的故事。這兩人都六十幾歲了，他們是高中畢業四十三年後，在同窗網上找到彼此進而結婚的。「還是很難相信耶，」卡琳說：「如果是在十年前沒有同窗網也沒有電腦的年代，要能聯絡上可眞是意外中的意外！」事實是，當今科技讓久別重逢變得前所未見地容易。

有時候與故人重逢還能激盪出生意上的點子。就拿傑夫．堤里的故事來說，他在畢業十週年同學會上找到了老婆，更從他倆的再續前緣得到靈感，創立重逢網！

3.有些人（包括我自己）作夢夢見或有預感會在何時何地如何找到靈魂伴侶，於是他們便根據相關線索採取行動

五年前的一天早晨，英國人大衛．布朗醒來時，腦海中浮現一組手機號碼。他不知道這號碼是打哪來的，但還是傳了一則簡訊過去，希望能解開迷團。對方是米雪

兒．契森，住在六十英里外的地方。她無法解釋爲什麼他的腦海會浮現她的號碼，但互傳幾則簡訊後，他們見了面，墜入愛河。大衛和米雪兒最近剛結婚，前不久才從印度度蜜月回來。像這樣的眞實故事，清楚地提醒著我們要聽從自己所做的夢、信任自己的直覺，相信宇宙現在就在對我們傳送訊息，要帶我們迎向眞愛。

4.許多人會有「莫名的感應」，告訴他們該去某個地方，而他們也眞的決定跟著直覺走，縱使本來有其他計畫

某位心情相當沮喪的小姐，一時衝動去了水族館，那是她以前從未去過，甚至也不是眞的很想去的地方。但她去了，而且在那裡遇見海豚訓練師，擦出愛的火花。現在，他們結爲夫妻，幸福快樂地住在夏威夷。另一位小姐在最後一刻接到參加派對的通知，那天晚上她眞的很不想跟人交際應酬，但內心卻有股莫名的力量促使她前往。在那個派對上，她認識了未來的老公。不少人是透過朋友介紹相親，雖然他們從不認爲自己是會去相親的人，但反正還是湊合著去，結果發現愛神把箭射過來了。

5.採取行動，加入線上交友，遇見眞愛

我有不只一位朋友透過網路交友認識了她們的老公。事實上，最近我讀到一篇文章，據估計，在二〇一一年約八成人口都會有一個線上虛擬身分。爲免你因爲自認是個網路白痴而對這門最新社交科技卻步，讓我告訴你吧，我那八十歲的婆婆都採取行動了！經由一位懂電腦的年輕朋友，她透過速配網找到了眞命天子。

6.放膽邁開步，興趣結良緣

我看過許多人掉進畫地自限的陷阱中，非得把玩樂和冒險留待遇見靈魂伴侶之後再說，滿心認爲那時才有人一起分享。還記得我聽過一位熱愛鯨魚的男士的故事，他最後決定和一票陌生人划小艇出遊，以便體驗和鯨魚的近距離接觸。沒錯，結果他不只看到鯨魚，還遇見靈魂伴侶，對方划的小艇就在他隔壁。我認識一些夫妻檔是在國外旅遊時遇見彼此，他們想都沒想過會在當地發生豔遇。薇薇安來自波士頓，麥克來自明尼阿波里斯，他們在克里特島相遇。愛情是不是很了不起？

有時候，邁出大膽的一步或跟著內心的渴望走，眞的會帶領你來到眞愛門前。舉

例來說，在我所教授的行銷課程上，我認識了一位叫蓋博雅拉的年輕小姐。從青春期起，她一直強烈地想學西班牙文，還夢想有個完美的拉丁情人耐心地教她說這種語言，然後咻地一聲帶她飛去墨西哥度個充滿異國情調的假期。當她跟我分享這件心事時，我鼓勵她不要再等下去，現在就順著她的熱情去學西班牙文吧！誰曉得這股熱情會帶她去哪裡呢？不要懷疑，幾年後蓋博雅拉告訴我，她在地方上的社區大學報名西班牙文課，交了新朋友，結果這位朋友把她介紹給她現在的未婚夫（還有，沒錯，他是拉丁裔！）。

這些故事的重點在於雖然你不能控制靈魂伴侶出現的確切日期、地點和時間，卻能透過積極主動地安排生活，大大增加機會。這往往意味著追求被你擱置的興趣，不論你在等什麼，現在是開始的時候了。如果你愛打網球，但很多年都沒拿起球拍，那就加入網球俱樂部或報名網球課。如果你夢想著能和情人一起遊山玩水，那就到鄰近的國家公園加入導覽之旅，或者在下班後別忘了去海邊或其他休閒區走走。如果你熱愛閱讀，那就加入讀書會吧！

這樣想吧，如果你決定主動開始追求自己的興趣和熱忱，最糟的情況會是什麼呢？恐怕是變得更快樂、更健康、更頭好壯壯。當然也大有可能認識一些有趣的人，然後甚至更清楚地對宇宙廣播你的獨特品味和偏好。

現在，這是否意味著你應該把行事曆上有餘裕的時間，全部用你希望會加速遇見靈魂伴侶的活動塡滿呢？絕對不是！如果你是基於害怕待在家就永遠找不到靈魂伴侶而夜夜出門交際，那就完全搞錯重點了！「自動自發採取行動」和「迫於壓力採取行動」之間有著天壤之別。我這裡主張的「自動自發採取行動」，是當你已感到値得被愛又很享受一個人的生活時，自然而然地去做一些能更爲目前的你增添喜悅的事情。相反的，「迫於壓力採取行動」的力量來自於寂寞、絕望和恐懼。切記，最基本的一條吸引力法則就是「物以類聚」，一旦你的行動來自於空虛或匱乏，你將吸引到的很可能就是同一種人。

要相信事情會柳暗花明。感覺對了就採取行動，感覺不對的時候則不要迫於壓力採取行動。一如我的摯友《紐約時報》暢銷書《祕密沒說完的事》作者佩姬．馬克爾體認到的，有時候當你決定什麼也不做時，眞愛就找上你了。

佩姬的故事

靈魂伴侶自己來敲門！

離婚後，我成爲在家工作的單親媽媽，經營網路生意，難得與人面對面接觸。我住在一個盡是小家庭的住宅區，就我所知，這兒沒有一個仍是自由之身的單身漢。雖然我相信我的靈魂伴侶一定存在，但等著他出現卻很難教我不注意飛快流逝的時間。在家工作、幾乎與世隔絕的我也納悶著：到底他要怎麼找到我呢？

漸漸地，我不再執著於想要知道他何時會在什麼地方走進我的人生。一月初的某一天，我索性打定主意告訴自己：我的靈魂伴侶和我將易如反掌、不費吹灰之力地相遇，而且是完美的結合。事實上，這成爲我自我激勵的每日箴言，培養出不可動搖的信念。

不久之後，有一天我帶著狗兒諾威爾出門散步。諾威爾看見鄰居家前方草地上的一隻狗，便衝上前去跟這隻我們這一區新來的狗狗「打招呼」。這隻狗的主人走出家門，我心想：嗯……很帥！我們聊了起來，談話間我又想：他是我的菜！他感覺起來很紳士、很親切、很體貼，顯然也很愛小狗。更何況，他人長得帥，又有男人味。自那時起，我不刻意做什麼，只是對「對的人」將如何出現抱持開放態度，忍住「主動讓事情有進展」的衝動，相信宇宙的智慧，相信宇宙為我設定的時機。

然後，某個下雪的冬天早晨，我的門鈴響了。這位新鄰居出現在門前，想請我照顧一下他的狗。因為他的狗保母沒空，而他臨時要出任務（他是位隨時待命的飛行員）。出任務回來後，我邀他進門喝杯咖啡。接下來的事情，大家都知道囉！我們墜入情網，沒多久就在一起了。兩年半後，我們結為連理。

每日練習

一旦你活在靈魂伴侶就要來了的認知中，就每天練習跟著直覺走，採取能讓你更容易遇見靈魂伴侶的特定行動。

以滿懷感激的祈禱展開每一天，同時提醒自己打開心中那盞燈，讓光芒普照。從早到晚，與人接觸時掛著微笑散播愛，不論遇到的是男人、女人、孩童還是怪獸，練習對他們發出愛的光芒。你的感覺會比較好，他們的感覺也會比較好。而且在這麼做的時候，你會變得不可思議地迷人。

✔更進一步地想像靈魂伴侶每週七天、每天二十四小時都在觀察你，以此觀點衡量你對待他人的態度。你是不是對身邊的人很親切、很關懷、很體貼、很細心？問問自己，如果靈魂伴侶在一旁，你的做法會不會有所不同？就從今天起，藉由這樣的方式監督自己。

✔做完本書提示的練習之後，如果你更清楚自己要找什麼樣的伴侶了，別忘了把最新消息告訴朋友，讓他們知道你的心願清單上有些什麼。

✔不要害怕單獨出門。我認識一些女性是獨坐在咖啡館時，遇見心愛的人的。

✔改變例行公事。我們多數人多半時候都處於「自動航行模式」，麻木而盲目地過生活，甚至看不見就在眼前的人事物。每天一次，我建議至少挑戰一件沒做過的事。舉例而言，去一個新的地點或健身房做運動。又或者如果你有慢跑、散步、騎單車的習慣，那就走一條不同的路線。去不同的瑜伽教室練瑜伽、到不同的商店買東西（我認識的一對最酷的夫妻，是在好市多的麵包區邂逅彼此的）。爲什麼要嘗試新事物呢？因爲這麼做的時候，你會被迫提高注意力，更留心周遭一切（而非心不在焉、一心多用或發呆失神），你會察覺到那個注意著你的人！

✔注意你和他人的交會，跟著直覺行動。

最近我有機會和電影《祕密》的導演杜魯．赫里歐特及他的未婚妻珍妮．凱樂坐下一聊。杜魯和珍妮是一對成功運用吸引力法則的佳偶，他們將直覺付諸行動，獲得了一些令人下巴掉下來的結果。

杜魯和珍妮的故事

吸引力法則總是很管用，從無例外！

杜魯：二〇〇六年，我和交往四年的女友分手，我們雙雙覺得分道揚鑣對各自的發展有幫助。

珍妮：那年我從中西部搬到洛杉磯。我有一個機會可以選擇去任何地方完成博士學位專案實習課程，於是決定把握機會體驗不同的生活，前提是保證只需投入一年時間，我怎能說不呢？然而，搬家才一個月，我和交往兩年的男友分手，並且明白是時候重新評估下一段感情要的是什麼了。

杜魯：於是，二〇〇六年十月，互不認識的珍妮和我還不曉得彼此的存在，不約而同躺在各自的床上，寫下我們尋求的是什麼樣的伴侶。呃，我是用寫的啦，珍妮則依照她的習慣在電腦上打表格。

珍妮：欸！我覺得這樣很好啊！我的表格可是一欄一欄有條不紊地分成「必要」、「想要」和「不要」耶！

杜魯：釐清想要什麼樣的女人後，我懷著猶如點好美味餐點的熱切期待心情收筆休息，心中知道餐點一定會送來。我不去想何時、何地、如何發生的問題，然後，宇宙以其一流的手法，在三個月後爲我和珍妮送來最美妙的邂逅。珍妮去聽約翰．迪馬提尼（《祕密》中所拍攝的老師之一）演講，講題最主要是關於打破愛情的迷思和幻想、創造眞正的親密關係。

珍妮：那晚我差點沒去。那天一下班我就躺在床上睡著了，醒來後只來得及隨便穿件衣服衝出門。頭昏腦脹的我很認真地考慮放棄，一來我很累了，二來反正是一個人去，所以不去也沒人會失望。可是，心裡有個聲音告訴我我必須去。這種感覺我並不陌生，一直以來，冥冥之中我心裡常會浮現一個聲音說：有什麼事在等著你喔！於是一聽到這個聲音，我趕緊穿著妥當朝門口走去。

一踏進教室，我就看見他了。事實上，我們是一起走進去的。聽講當中，他坐在我後面。還記得我心想：他好可愛唷！而且，老天爺啊，他有澳洲口音耶！我怎麼忘記把這一條寫在我的靈魂伴侶清單上了呢！

杜魯：她坐著轉過身來很快地和我聊了兩句。她是那麼的美、那麼的聰明。

珍妮：演講結束後，杜魯上前和約翰攀談，我起身要離開。可是我看見杜魯和約翰在談話，便決定鼓起勇氣問他們要不要一起去喝杯咖啡。於是我買了本約翰的書，走上講台找他簽名。老實說，我一點兒也不在乎那個簽名，我只是想接近杜魯而已。

杜魯：那是你買那本書的原因？

珍妮：是啊！我沒跟你說過嗎？

杜魯：喔，寶貝，我不知道這件事！

珍妮：管它的，反正我去找約翰簽名，杜魯和我看了看彼此，但兩人都沒有勇氣向對方要電話。

杜魯：我從來想不通要如何技巧高明地要電話。

珍妮：這時，有幾個人朝杜魯走來，其中一位興奮地對另一位說：「這位就是《祕密》的導演！」嗯哼，我的立即反應是在杜魯話才說到一半時就開溜，只迅速地揮揮手道別，心想我倆活在完全不同的世界。

十天之後，我的世界帶我來到一個在亞迦貝舉行的婚禮。

杜魯：我的世界帶我來到同一個地方。哇！親愛的，我們可眞是活在完全不同的世界啊！我在那個婚禮上看到你時，開始接收到宇宙的訊息了。畢竟，如果我是宇宙，想把一男一女湊合在一起，最好的方法就是先讓他們在有關親密關係的演講上相遇，然後安排一場婚禮！

珍妮（哈哈大笑）：你漏掉最好笑的部分了！典禮當中，他在我正前方的椅子上坐下時，我簡直不敢相信。我踢了踢他的椅子，他轉過身來，大吃一驚但顯然很高興。可是他口裡只說得出：「喔，天啊，我沒上髮膠。」

杜魯：欸，我是沒有啊，很不好意思耶，難得那麼一次沒上髮膠，卻有一雙美麗的眼睛盯著我的後腦勺一整晚。

珍妮：那天晚上，我們交換了電話號碼。

杜魯：不用多說，她是我在清單上要求的一切，甚至還更好。而且後來我發現她也有一張清單，我也是她要的一切。

珍妮：漂亮！讚吧？

當然，這眞是很漂亮的一個故事，也是我們能從中學習的一個故事。爲了得到想要的，我們把訊息傳遞給宇宙之後便必須保持警覺，留意第六感在我們內心挑起的騷動。但更重要的是，我們必須願意跟隨直覺付諸行動。有時候，直覺會引導我們走出熟悉的舒適圈。如果那晚珍妮選擇在家休息、不去聽演講，如果她在聽完演講後選擇離開、不朝杜魯站的地方走過去，珍妮或許會覺得比較輕鬆自在。但鼓起勇氣遵照第六感的指引採取行動，才是最終讓她找到完美伴侶的關鍵。

有句非洲諺語說：「一邊禱告，一邊邁開腳步。」我當這句話是在說思與行一致才能實現夢想。直覺告訴你是該放鬆的時候，那就先把採取行動的念頭拋諸腦後，什麼也不做。直覺鼓勵你採取行動時，就全力衝刺，毫不保留。

第八章

品味等待的過程

你莊嚴的美教我目眩神迷，
我願以一百雙眼望你……
我身在慈善之家，
心是禱告之地。

——魯米

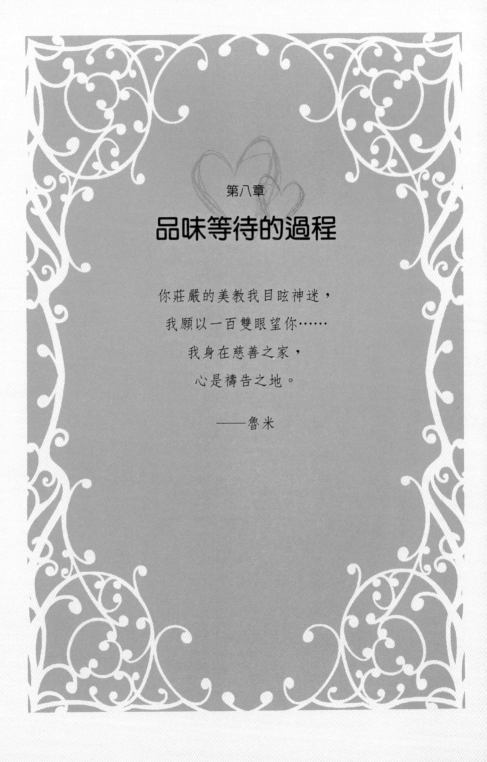

當一朵花的種子播入土地、第一片葉子冒出芽來，園丁不會每天去扯它，要它長得快一點。他相信大自然會扮演好角色，時機對了，花朵就會綻放。如同一名園丁，你已播下種子，邀請眞愛來到你的人生中綻放。你釐清了自己想要和什麼樣的人在一起，你傾聽著內在的直覺，也採取行動走出個人的舒適圈，並在家裡和心中都爲靈魂伴侶開創了空間。該做的，你都做完了！現在，你大可放鬆下來好好享受，相信只要穩定地予以栽培、照料，種子將會開花結果。此時，你唯一的目標就是從這個過程本身找到樂趣，品味這一段愉快等待靈魂伴侶到來的經歷。

差不多在寫作本書的同時，布萊恩和我正準備前往法屬玻里尼西亞度個特別的假期，慶祝他五十歲生日。我們早在幾個月前就先訂好機票，所以有大把時間規劃行程、想一想要參觀什麼景點、爲即將到來的假期興奮不已。當然，在人間天堂度過十天是很美妙的，但我必須說準備的過程也一樣享受。事實上，我在採買所需用品、打包行李、閱讀島上史地資料時，感覺就像我的假期已經展開。最後的成果（脫離平常的軌道，兩人一起在花木扶疏的熱帶國度待上十天）令人心滿意足，但準備前往那裡的過程也是如此。隨著一天天、一週週過去，越來越接近假期，想著還要帶什麼、趁離開前工作上還要處理好什麼，我細細品味假期到來前的每分每秒，知道種種努力在長時間的等待獲得回報時將達到高潮。這就是所謂的「品味等待的過程」。

讓我再舉個例子吧。我的朋友克勞蒂亞熱愛烹調美饌佳餚招待親朋好友，但她最享受的不是把菜端上桌，或是看著客人享用她準備的美味料理。最近她向我說明她愛的是構思、策劃、變出新食譜、將她最愛的食物做出新的搭配，來和別人分享的過程。她期待在特殊食品專賣店採買、爲每一道餐點挑選完美新鮮食材的經驗。她想像著要喝什麼紅酒、座位要怎麼排，還有她想爲各種場合營造的情調。她喜歡一邊放音樂一邊攪拌鍋中物，享受下廚時家裡瀰漫的香氣。她自豪於懂得爲不同圈子的朋友挑選最適合的食物種類——來自智利的卡洛琳娜搭配南美菜、愛吃辣的南西和珍妮搭配泰國菜。克勞蒂亞甚至說她在主辦聚餐的日子裡，工作上也力求拿出最高效率，因爲她只想快快回家做準備。對克勞蒂亞來說，烹調料理的每一步驟都像用餐一樣享受，甚至更有樂趣。

我誠心邀請你本著同樣的精神，好好品味吸引完美情人到你人生中來的過程。你已釐清自己想要一段什麼樣的感情，這是值得慶祝的事。你的心胸已比過去更開闊，這是值得歡迎的事。你的家和你的人生已是一片嶄新的天地，就讓這片天地啓發你、給你動力、驅使你朝正面的方向前進。

每一次想像靈魂伴侶的樣子時，還有每一次想像你們的相遇時，你都可以在兩種心態之間做選擇。你可以選擇陷入渴望、傷感、貪求、苦等的情緒中，也可以選擇陶醉在興奮、喜悅的期待之情裡。想法和感受的特性決定你人生這段時期的調性，什麼都有可能。在情緒光譜的一端是絕望與寂寞，令一端卻是狂喜和恩寵。每一段經歷都能從多種角度去看待，你對當下處境的觀感會反映在你整體的情緒狀態上。以坐雲霄飛車為例，車廂朝著頂端慢慢地越爬越高時，你可以選擇對即將到來的體驗感到驚恐、緊張、焦慮，也可以把雙手往空中一拋，對自己說：「這就是我現在所處的地方，這就是人生給我的經歷，不如好好享受吧！」

提供你這個基本的選擇之後，我也希望你知道，我絕對明白當你覺得準備好要和某人共度人生而那人卻還不出現的滋味有多難受。婚禮、聚餐、家族聚會和假期等特殊場合可能格外難捱，所以在事前把心態調整好是很重要的。

我曾讀到一位女性朋友的故事。眼看著另一次身邊沒伴的假期又要到來，她決定做一件很有創意的事。她靜下心來冥想，想像自己和未來的老公已結褵數載，兩人一同回憶起當初還不認識彼此時的生活。接下來，她問了自己一個我認爲很有意思的問題：我期望有一天能和他分享什麼樣的過去和往事呢？這個問題爲她開啓了一個以前從未想過的嶄新觀點，突然間，各種充滿創意的點子向她湧來。從這個嶄新的視角看出去，她看見自己希望靈魂伴侶能明白她對他人的關懷與慷慨。這一層體認促使她爲地方上一個幫助單親媽媽的組織，籌辦了一場二手衣義賣會。她也體認到她希望靈魂伴侶能欣賞她愛玩、愛冒險的精神，而這又促使她臨時起意安排了一次航海之旅，和幾名姊妹淘出遊去。最後，她體認到她希望靈魂伴侶明白她是一個重視感官享受、樂於討好自己的女人，這促使她將一張保存了好幾個月的SPA禮券拿出來用。她在SPA館運動、做蒸氣浴、做足部按摩、做臉，花上一整天寵愛自己。

> 愛自己不只是好的、必要的，
> 而且是愛別人的前提。
>
> ——美國哲學家　羅洛．梅

接下來她做了一件超級妙事。她決定要透過拍照記錄每一個活動，捕捉「一九九七聖誕節」的每一刻，然

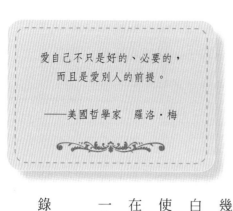

後把照片收進一本剪貼簿裡，題名爲「等待你的聖誕節事件簿」。她發揮創意巧思來做這本剪貼簿，裡面不只有照片，還有她認爲靈魂伴侶可能會覺得可愛或有趣的個人小檔案，比方高中時她曾擔任樂隊指揮、十歲時她曾組織鄰居爲流浪貓狗找家、十二歲時她瘋狂地迷戀艾爾頓強。她盡情地享受著聖誕假期的每分每秒、爲剪貼簿增加一張張照片與一則則軼事時，突然感覺靈魂伴侶彷彿正在未來看著她（結果日後也眞是如此）。於是，她更用心地安排活動，也更徹底地享受這些活動。雖然直到一九九八年夏天才遇見靈魂伴侶，她仍堅稱他倆共度了一九九七年的聖誕佳節。

如果你毫無一絲懷疑地知道你和夢中情人的初次約會就在幾個月之後，你會做什麼來確保自己盡情享受在那之前的時間？我設計了接下來的摹想活動，讓你能夠透過未來你將創造的伴侶關係來反觀現在。

摹想

品味等待的過程

在家裡找個清靜、安寧的角落坐下休息，將身體調整到舒服的姿勢，先深呼吸幾口氣，讓心情放鬆下來的同時，想像自己在椅子裡融化，所有的壓力或緊張都從你身上流掉，流到腳下的地板上。

一面放鬆，一面集中注意力從頭到腳裡裡外外檢視一番，注意一下哪裡感覺起來溫暖、愉快、自在，將空氣吸進這些地方，好讓這些地方延伸、擴大，及於全身上下。

再深呼吸一口氣時，我要你想像此刻已是五年後，你和至愛處於一個美好、安靜的空間，就像現在這個空間。或許你們正坐在點著蠟燭的餐桌前，共進雙人晚餐，或許你們正一塊兒窩在床上。盡情想像你們在哪裡、正在做什麼的細節。你們結婚了嗎？有小孩了嗎？深呼吸一口氣，讓自己感受一下想像中的畫面所帶來的喜悅。美夢已成真，你和靈魂伴侶在一起，幸福地愛著彼此。讓這個必將實現的遠景深深滲透你腦子裡的每一個細胞、心臟的每一束纖維。

想像你望著愛人的眼睛，回憶遇見彼此之前的往事。單身生活的哪一部分是你會想和對方分享，而且覺得最自豪的？準備在生活上和內心裡迎接對方到來的過程中，你如何自得其樂地享受每一天？現在你和靈魂伴侶已建立起深刻的連結，就從這個立足點出發，回顧你們相遇之前，你做了什麼讓你開心、驕傲、光芒四射的事情。

注意一下當你日後會為自己感到驕傲時，感覺多美妙，即使現在你根本還沒遇到靈魂伴侶。遠在靈魂伴侶愛上你之前，你早就愛上自己以及屬於你的那份人生了——你把每一天都過得很精采，不論到哪裡都展現出最好的一面。注意一下這種感覺有多棒，深呼吸一口氣把這種感覺吸進去。你所體會到的可能是幸福感、驕傲感或成就感，又或者是更感性的「哇，好～～好～～喔～～」的感覺。當這種感覺越來越強烈時，注意一下它會形成特定的顏色和形狀，就像一顆美麗的泡泡，將你整個人包在裡面。注意一下你的甜蜜夢幻泡泡是什麼顏色，讓它包圍甚至進入你的心，從你的雙眼散發出光芒，自你身體的每一個部位傳送出熱力。穿越時間與空間，你和你的完美靈魂伴侶就連現在都已連結在一起。每一次你體會到喜悅、幸福和樂趣時，這顆泡泡就會像座燈塔般指引他到你這兒落腳。每一天都很重要，每一個抉擇都不容小覷。你現在的人生要如何過，端看你自己。

現在，將你的注意力拉回到當下的人生，讓心裡時時刻刻懷著這份愉快的感受，知道當你好好投入每一天時，便是在意念的層次上與未來的至愛結合。你在將自己準備好以迎接他的到來，他也在將自己準備好以迎接你的到來。深呼吸，品味這份等待，知道你的命運已交到宇宙手中，而你的至愛已在前來的路上。

最後再深呼吸一口氣，吐氣時雙手合十在胸前作禱告狀，讓剛才種種對於未來的幸福憧憬，安穩地停留在你心裡。

接著，等你準備好了，就慢慢張開眼睛。

完成上述的摹想活動後，花點時間記下你期待日後和靈魂伴侶一起回憶什麼事情，下定決心現在就爲自己創造這些人生經歷。種種特定想法從你腦海浮現很可能是有理由的，而且實踐這些想法將帶來意想不到的收穫。

一封來自上帝的情書

二十多年前，我收到一份下面這封信的複本，但始終沒能找出原先是誰寫下的。單身時讀到這封信，帶給我很大的啓示，所以現在我想與你分享。閱讀過程中（我建議你每天讀），將當中每一個字所揭示的眞理，隨著呼吸吸進去。注意一下這是否爲你內心打開更多空間，讓你更享受當下所擁有的，即使你滿心歡喜地期待著未來的日子。

親愛的你：

每個人都渴望將自己完全託付給某個人，渴望和別人的靈魂深刻契合，渴望毫無保留、獨一無二地被愛，但我說：「不可能。」除非你對獨自一個人的狀態感到滿意、充實且知足，徹頭徹尾、毫無保留地將自己交給我，你才算準備好要擁有我爲你安排的親密關係和獨特情感。在和我結合之前，你絕對無法和任何其他人事物結合。我要你停止計畫、停止渴望，開始接受我爲你做好的安排，最令人興奮的、你無從想像的安排。我要你擁有最好的。請讓我爲你把最好的帶來。

你要目不轉睛地看著我，期待最好的事情發生，持續體會我所給你的滿足，傾聽、學習我將告訴你的道理。等著。只要等著就好。不要焦慮，不要擔心，不要看著別人擁有的或我給別人的，不要看著你認爲你想要的。只要不停仰望我，否則你將錯過我要爲你展現的。然後，當你準備好時，我將爲你帶來驚喜，你將擁有一份遠比你所想像的一切好太多的愛。

你明白嗎？要到你準備好了，要到我爲你安排的那人準備好了（就連現在我都在努力讓你倆同時準備好），要到你心無二想地滿足於我和我爲你安排的人生，你才能體驗那份以你和我的關係爲模範的愛。這就是完美的愛。

親愛的你，我要你擁有這份最美妙的愛。我要看到你和我的關係活生生地存在，我要你具體、實在地享受我所給予的美、圓滿與愛的永恆結合，我要你知道我毫無保留地愛你。信我者知足。

愛你的
上帝

第九章

愛上自己

你，你自己，和全世界所有人一樣，
都值得你去愛。

——佛陀

甘地曾說：「你希望世界怎麼改變，自己便要以身作則。」當你在爲擁有一個靈魂伴侶作準備時，也可以將這句永恆的至理名言運用到人生中。想要被愛，就先讓自己成爲你所尋求的那個愛人、密友、玩伴、另一半、靈魂伴侶。

想想這個道理。我們花了那麼多時間想像未來多美好，遇到靈魂伴侶之後，我們會好好照顧自己，我們會很爲自己驕傲。這種思考模式或許會讓我們對未來感到興奮，但對現在卻沒有幫助。有時候，遇見某個人確實是刺激我們朝正面方向發展的催化劑，不論對方是愛人、朋友、上司或同事。但更多時候，情況是相反的。我們先決定要有所成長、要愛自己、要盡情揮灑自我、要好好把握人生，而後這種決心才會不期然地將機緣帶到我們的人生中。

當你在想著所尋求的靈魂伴侶必須具備什麼條件時，也要反觀自己是否在人生中展現了這些特質。如果沒有，你要做的便是加以培養。就像種子要有陽光的照耀才能生長，我們的正面特質唯有在給予關注時才得以造就。

讓我舉個例子，如果你的願望是和一個深情、專一又和善的人在一起，你就要全心全意在自己身上激發這些特質。把握每一次機會對周遭人們表現出犧牲奉獻的精神、親切的態度和豐沛的情感，不論是對店員、郵差、推銷員（我知道這個很難啦！）……或者，最重要的，是對你自己！如果你要找的是熱情、大方、外向的伴侶，就該在每天的每一分鐘都設法激起、培養、發展自己的這些面向。不要等到未來，而是人生中的當下此刻就這麼做。要這麼做有個不錯的方法，亦即想像你便是自己理想中的伴侶，然後問問自己：如果我是他，我會愛上我嗎？答案若是否定的，那就要竭力讓自己成爲連自己都會愛上的人。還記得那句老話「你一笑，全世界都會跟著笑」嗎？當你愛上自己，全世界也會將這份愛反射到你身上。要讓自己成爲你所尋求的愛人該採取什麼步驟呢？接下來的活動將幫助你釐清。

你需要：

- ❑幾張紙和一枝筆。
- ❑一張舒適的椅子。

❏十五到三十分鐘不受干擾的時間。

想像你在寫一則線上廣告，必須列出你的十大優點，接著，花點時間寫下你最可愛的特質。如果卡住了，就想想別人是怎麼讚美你的。慷慨？好心腸？友善？親切？體貼？細心？風趣？好玩？把這些寫下來。

檢查這張清單，確定上面寫的能反映出你最好的一面。如果不能就重寫，直到可以過關爲止。誰都不會看到這張清單，那是專屬你一人的，所以千萬不要有所保留。

寫好十大最賞心悅目、最值得擁有、最令人愛慕的優點清單後，就是時候擬一則自我激勵的每日箴言了。這句箴言要融入清單上的內容，比方說：我是一個熱情、好心腸、溫暖、友善、樂於助人、愛冒險、會照顧人、感性、和另一半心意相通的女人，我時時刻刻都徹徹底底愛自己。

接下來三十天，一天兩次，我要你臉上掛著大大的微笑，站在鏡子前，放聲說出你的自我激勵每日箴言，一邊說，一邊注視著自己的眼睛。先讓你知道一下，這一開始感覺可能非常、非常奇怪。反正，做就是了。

這是一個找到內在動機激發自己最好的一面的時刻——不是爲了靈魂伴侶，而是爲了你自己的快樂與滿足。當你能夠這麼做時，將發現把所有你渴望的事物吸引過來最有力的不二法門。如果你覺得「愛上自己」這種主意聽起來很自私、很自戀，我跟你保證絕對不會。這樣想吧，如果你不愛自己，如果你不是眞正地、由衷地欣賞那些唯有你才具備的、可愛的、可口的、天下無雙的特質，如果你還不能大方地接受自己的缺點，如果你還沒能發現到這些缺點是如何讓你成爲獨一無二的個體，如果你不能溫柔、愛慕地看待自己的身體，你又怎能期待靈魂伴侶做到這一切呢？這是個很簡單的眞理：當你也愛著自己時，你就會變得令人完全無法抗拒。

近年來，整個「愛自己」的觀念已得到廣泛討論，不過我想用更實際的方式分析、闡述。還記得上一次搭飛機的經驗嗎？空服員解釋當發生艙壓改變的狀況時，你必須先戴好自己的氧氣罩，再去設法幫助其他人。這是因爲一旦座艙失壓，只要六秒鐘你就會昏迷過去。如果你不把握時間戴好氧氣罩，那永遠也輪不到你幫助任何人。

這個例子充分說明了「愛自己」的觀念。如果你不是以愛、欣賞、有益健康的食物、積極正面的想法和無比的溫柔，從各個方面好好照顧自己，又怎麼可能有內在資源去愛、去呵護他人？愛自己意味著像關注伴侶的需求般關注自己的需求；愛自己意味著把自己當成世上最重要的人來對待；愛自己意味著你必須花時間探索、發現對你而言眞正重要的是什麼，不論在人生中或感情上。當你眞正愛自己時，你再也不會願意降低標準，因爲你實在太珍惜自己的幸福了。運用愛自己法則是我的朋友兼行銷奇才史黛芬妮．哈特曼，解開靈魂伴侶之謎的要訣。

史黛芬妮的故事

絕配

（接續第一章）

好啦，乾脆就先承認吧，我是那種雖然很憧憬擁有一個完美的靈魂伴侶，但內心深處又覺得做那種夢有夠蠢的女孩。不管怎樣，我媽總是對我說：「不要回頭看，也不要低頭看，只要往前看，幸福自會找到你。」而且，眞的是這樣，當我不再尋尋覓覓，那人就出現了。

所以，我是怎麼找到我的絕配的呢？

長話短說，我下定決心不再和任何「差一點先生」交往——就算只差百分之一就完美了。爲了找到「績優股」，我決定放棄所有「潛力股」（相信我，他們永遠也成不了氣候的）。

一次，我向朋友大聲宣佈說我是個好人，我眞的很喜歡我這個人，所以絕不願委曲求全。我甚至列了一張清單，寫下我的對象一定要有以及我不會容忍的特質，這一切都是根據我對自己的認識而來。我知道我有滿腔的愛要付出，可是我不再有一個黑洞要塡補。順帶一提，這兩者是大不相同的。如果從一開始這個男人就不是對的人，那他便不値得我投入時間。我不要任何「有待改進的人選」，甚至到了說出「夠了！把什麼找尋靈魂伴侶的勞什子拋到腦後！我要跟我的姐妹淘出門去、練瑜伽、玩個痛快，還要自己一人在夕陽下散步」這種話的地步。換言之，我重新開始和自己結合。

這下好啦，在我發表「自愛宣言」約一週後，我最要好的朋友打電話來，說要安排我和一位叫傑洛德的男士相親。我抗議了。她在開玩笑嗎？她沒聽到我的宣言嗎？她說這次相親應該會很有趣、很「安全」（我到現在還不確定那是什麼意思）。事實上，她說，幾個月前她曾和他約會過。「好極了，」我冷嘲熱諷地說：「幹嘛不開門見山說是你挑剔的？」

現在，我則會打趣說我最要好的朋友在我和我老公初次約會前，已先親自代爲檢查過了。她解釋道，她是在網路上認識傑洛德的，近一年前和他約會過，但是沒有火花，也沒有產生化學作用。這時，我的這位朋友認識了另一位男士——結果在我的婚禮前兩週，她和他結婚了。所以，就在同一週當中，她遇見了我的老公和她的老公。她做事很有效率。

我們透過電子郵件被介紹給彼此，一來一往通信了幾週，然後從電子郵件畢業，升級到電話聊天，最後決定見個面。我處於劣勢，因爲我的朋友把我的網站位址給了他，所以他知道我是做什麼的、長什麼樣子。他甚至讀過我的「關於史黛芬妮，十件你可能不想知道的事」清單，但我卻對他一無所知。爲了逗我，他還開玩笑說他有皮膚病、仍和媽媽住在一起。我提議週六共進晚餐，他提議先喝杯咖啡就好（這名資深單身漢有過太多糟糕的初次見面經驗，不想爲此浪費一個大好週六夜），說如果順利的話，他或許會試看看更進一步，和我一起吃晚餐。在這之前，我都不知道我可是很有自尊的！我受到了「你搞不好是另一次令人失望的約會」的羞辱！（顯然他不知道網路上想跟我約會的男人正大排長龍，哼！）結果呢，他的提議惹得我很不高興，不高興到非得看看他的廬山眞面目不可！

復仇女神附身，我賭氣換下新買的可愛「約會裝」，換上牛仔褲、背心和夾腳拖，一副「我才不把你看在眼裡」的打扮，洋洋得意地等著他到來，爲自己的小聰明驕傲萬分。然後，傳來一聲敲門聲，我打開門。

門滑開時，我們沉默地望著彼此。他想的是：哇，她……正翻了！（這是他說的，不是我說的。可惡的背心，我眞是料不到男人的眼光）我想的是：喔，不，我穿壞了。因爲他可是盛裝打扮，看起來有模有樣。我必須要說，我們不只喝了咖啡，事實上，我們初次約會持續了八小時之久。喝咖啡之後、吃晚餐之前，我很快地到「後台」換上本來打算要穿的約會裝。爲了一次美妙的約會，這點付出很值得。

如此這般，我這個完美主義者和他這個相親高手（姑且這麼稱呼他吧，不然其他的名號還更難聽）湊在一起了。當時的他相當享受單身生活，雖然我們的約會風格不盡相同，但雙方都很肯定不要和「差一點先生」或「差一點小姐」安定下來或認眞起來（他跟我一樣，也有過慘痛的分手經驗）。我具體寫下了伴侶特質清單，他則是在心裡有這樣一張清單。他的比較是一種「感覺」，他覺得一旦遇到對的人，他就是會知道。

第二次約會過後，我們的相親高手（在兩個國家共有五位相親對象）告訴他最要好的朋友（在他們的約會後例行報告當中），他找到了他要娶的女人。實際上，他的台詞是：「就好像命運之神把我的完美老婆送來了，而我就是認得出她來。我知道我的人生就要不同了，我知道她正是我要共度一生的女人。」他的朋友無法相信他在說什麼，因爲這太不像他了。顯然那個晚上他有幾通不好擺平的電話要打，女孩兒們，對不起啦！

愛自己
是浪漫一生的起點。
——英國作家　王爾德

從認識那天起的兩年內，我們訂了婚、買下一棟房子、領養一條狗，然後結婚。一切進行得不急不徐，一切感覺都很對。交往初期，結婚就似乎是勢在必行、理所當然、百分之百正確的一件事。婚禮當天，我最愛的其中一個時刻，是我讓傑洛德笑到眼淚都要流出來了（他會告訴你那是因爲眼睛裡有東西），我則出乎意料地冷靜，完全準備好要步入紅毯，幾乎是一蹦一跳地走，我父親還得拽住我呢！

我們從不害怕對彼此坦誠，事實上，這是我們一開始就要求對方的。在我們莊嚴肅穆的宣誓典禮上，這一點還特別被強調出來。有已婚的男性朋友「告誡」傑洛德，說是一旦結婚，他的意見就不再是一回事了。所以，在寫下誓辭時，我說：「我發誓我會聽你說話。」甚至我還來不及說完，傑洛德就笑開了，一整個停不下來。於是我舉起寫了誓辭的證書說：「我真的會啊！白紙黑字寫在這裡！」全場哄堂大笑。誰說婚禮一定很無趣？

遇見傑洛德，我明白到讓你認出「正牌」靈魂伴侶的是他的人格，亦即他最深沉的自我、最可貴的價值體系和你的人格兩相吻合。讓我來告訴你一件你要在靈魂伴侶身上找尋的東西，那就是「歸屬感」。

遇見傑洛德時，我們立刻覺得彷彿以前就認識彼此了，好像我們有共同的過往一般。那種感覺很平靜、很自在，猶如我們在對方身上找到一個家。對像我這麼常旅行的女性來說，這是很奇妙的體驗。

現在，我相信每個人眞的都有一個屬於自己的靈魂伴侶。只要你停止勉強讓「差一點先生」「差一點小姐」補上那麼一點，你將發現完美的絕配就在某處等著你。

運用吸引力法則獲得靈魂伴侶不是一個機率的遊戲，而是一趟非常個人的追尋，是你要讓宇宙爲你帶來內心渴望並且值得的眞愛。堅守你的標準和觀念是愛自己的要義，縱使這意味著放棄和某個迷人、但不適合你的對象交往所能得到的立即滿足。愛自己，也是讓別人來愛我們的必要前提。

爲了幫助你更深層地愛上自己，我妹妹黛比．福特貢獻了最後一個䂂想活動。我建議你上 www.soulmatesecret.com/audio 下載，然後每天至少聽一遍，最好是在夜裡進入夢鄉之前。

䂂想

愛自己

當我能愛自己的一切，我便能愛你們所有人。懷著「愛上自己」的動機進行這個活動，你要愛上那個最了不起、最可貴、最可愛，而且世上絕無僅有的你。

深深吸一口氣，然後吐出來。隨著每一次吸氣進入更深層的自我，進入那塊安寧、平靜的地方，所有你需要的智慧、勇氣與愛都在那裡。想像你正飄向這個寧靜、安全的處所，準備要全心全意瘋狂地愛上自己。

現在，再深深吸一口氣，吐氣時想像你正飄向一張雙人小沙發，那是一個你會覺得舒服自在又備受呵護的地方。

現在，我要你看看左邊，你將看到自己的影像。那個影像是你最可愛的自我，是你散發出喜悅與希望的一面，那個你知道你是特別的、獨有的，世界上沒人跟你一樣。

那個你看起來是什麼樣子呢？或許你將看到兩歲、三歲、七歲、十五歲或二十二歲的自己。當時的你散放出愛的光芒，眼睛閃閃發亮，讓人無法抗拒。

邀請那個你坐到面前來，慢慢深吸一口氣，吐氣時讓你和對面那個你心連心，讓他告訴你你有些什麼優點，是什麼讓你這麼特別、這麼溫暖、這麼美妙？

讓自己聽聽你那個備受寵愛的自我怎麼說，讓他告訴你所有使你值得在人生中遇見愛、擁有愛的理由。讓自己聽聽為什麼你應該神魂顛倒、熱血沸騰地愛上自己。請那個你告訴你，你做過什麼好事、有誰得到你的幫助、有誰因為你因而人生變得豐富。

讓自己聽聽是什麼特質讓你顯得獨特、重要、值得被愛。

現在，問問那個惹人愛的你，如果要一而再、再而三地愛上自己，你必須捨棄什麼？你必須改掉什麼想法？你必須放下什麼執著？為了讓你覺得自己是那麼特別、那麼值得擁有、那麼令人讚賞，有什麼行為或舉止是你必須捨棄的？

深深地吸氣、吐氣，讓自己聽一聽剛剛所聽到的。如果你願意為了愛而放下該放下的，就對面前那個你承認這一點。然後在接下來這個星期，看看你能做什麼來確保你會改變自己。有什麼計畫該付諸實行？有什麼人該打個電話過去？你會需要誰提供你精神支柱？

如果你願意這麼做，就對自己承認這一點，也對面前那個惹人愛的你承認這一點。

請那個你對你說些你每天都需要對自己說的甜言蜜語，讓你覺得被愛、可愛、值得愛。為能天天活在愛裡，你需要聽什麼樣的甜言蜜語？是要讚美你心地很好？或者說你這樣就很完美了？還是要說你性感、漂亮、聰明、是個很棒的人？要說你是天縱英才？說你值得最好的？說大家都搶著要跟你在一起？還是要說你很能幹、有創意、很特別、很重要？

深呼吸一口氣，把這些甜言蜜語吸進去，並且對自己複述七次。

看著這些話語刻在你的心版上，把這些話語吸進意識裡，因為你值得擁有愛。

現在，你的心融化了，這些話語讓你覺得備受讚賞。這些可是從你口中說出的話語。那個最惹人愛的你說給你聽的。

所以，要肯定你天性的偉大崇高，要肯定你內心的善良美好。

然後，再慢慢深吸一口氣，吐氣時，阻隔在你和那個滿懷愛意的你之間的一切都隨著那口氣散去，你要讓自己看看「愛自己」將為存在於你生命中的人們帶來什麼益處，包括你的孩子、手足、同事、鄰居、朋友。要明白完全愛自己意味著對每一個你遇見的人付出愛心。現在就讓自己領悟這一點。

現在，想像你人生中的所有人，不論愛你的或你愛的，不論還在的或已離開的，都上前來親吻你的臉頰。聽一聽他們給予你的加油打氣，讓他們的愛穿透你身體裡每一顆細胞。

然後，在吐出下一口氣時複述這句話：

我是被愛的。我是值得愛的。我就是愛。

我是被愛的。我是值得愛的。我就是愛。

我是被愛的。我是值得愛的。我就是愛。

讓所有橫亙在你和這句話之間的阻礙都溶解，流到腳下的地板上。然後，複述這句箴言七次，讓這些文字的震動打散擋在你和此一真理之間的一切。

「我是被愛的。我是值得愛的。我就是愛。」

正是如此。

這時候的你只需要做一件事，就是繼續當這個很棒的人，每一天都更熱情地不斷愛上自己。好好照顧你所開創的空間，對嶄新的機會做出回應，相信自己已經活在一份深情而堅定的伴侶關係裡，品味這段等待至愛到來的過程。

第十章

你準備好要愛了嗎？

哪裡有偉大的愛存在，哪裡就有奇蹟。

——美國作家　薇拉・凱瑟

你真的為偉大的愛做好準備了嗎？針對下列描述，如果你都能響亮地回答一聲「是」，那你就真的準備好了。

- 我相信我值得擁有一份偉大的愛，屬於我的那個「唯一」確實存在，而且也正在找我。
- 我很清楚我想和什麼樣的對象在一起、建立什麼樣的關係。
- 我過去的情傷皆已痊癒。
- 我已創作出一份尋寶圖，把家裡和臥房中的桃花位都佈置了一番，也擬好靈魂伴侶清單，並且把訊息傳達給宇宙了。
- 我愛自己，而且由衷享受獨處的樂趣。
- 我有時間、精力與資源去呵護他人。
- 我當作現在已經和靈魂伴侶在一起般地過日子，品味著等待他到來的過程。

如果你對這些描述的回應都是「是」，恭喜恭喜，你已藉由運用本書提示的法則與進行本書整理的活動，完成爲了將靈魂伴侶吸引到你的人生中必須要做的事情。你已經釐清自己要的究竟是一個什麼樣的靈魂伴侶，也已經向宇宙下過「訂單」。你好好地照料了可能在不知不覺間害你拒愛於千里之外的情傷，你把人生中、內心裡和住處的障礙物都清了一乾二淨，現在只需懷著喜悅期待靈魂伴侶到來。你已經爲新戀情開創生長的空間。你堅定了自己的信念，就連此刻，你都正在將你渴望並且值得擁有的那份情深意切的關係吸引過來。而最重要的或許是，你已經明白你的心境遠比任何你能做的一切更是一個有力的吸引機。換言之，你充分地愛著自己。

我鮮明地記得這個在我人生中相當豐饒而多產的時期。你知道的，一旦愛上自己，你不只會引來更多的愛，還會引來更多的友誼、機會與成功，更多你所渴望的任何東西。我也記得有天我突然領悟過來：即使永遠遇不到靈魂伴侶，我已經擁有、而且將繼續擁有一份很棒的人生。這聽起來可能有點矛盾，但當我能夠同時擁抱雙方面的感覺時（一方面是熱愛獨自一人過日子，一方面是渴望能和人分享），我頓時就平靜下來了。茅塞頓開後不久，我和一名神聖的女子有了一場神奇的相遇，我的人生從此再也不同。

一九九七年六月二十二日，我去見來自印度的擁抱聖母「阿瑪」。幾年前我已從狄帕克．喬普拉口中聽說過她。他說：「阿瑪是個眞正的人物，如果你有機會跟她擁抱一下，千萬別錯過！」我報名參加一個週末的靈修，知道在這兩天之間我將得到至少兩個擁抱。在這之前一年，我努力完成原諒的功課——爲過去失敗的關係原諒自己和他人。我列了靈魂伴侶清單，把訊息傳遞給宇宙，也從能量的層面上和舊情人一刀兩斷，並且由衷相信我的靈魂伴侶眞的存在。現在，我希望冥冥之中能迸出什麼力量，將我倆推在一起。

靈修的第一天晚上，我耐心地排隊，等著被抱一下，心裡很興奮，也有一點緊張。我有一個計畫，不知道能不能成功。據說阿瑪抱你的時候會朝你的耳朵唸唸有詞地誦禱，但不會和你交談，因爲她不說英語。終於輪到我了，她抱我時，我朝她的耳朵悄聲地說：「親愛的阿瑪，請治療我的心，讓任何阻礙我找到靈魂伴侶的傷口痊癒。」她笑了，還把我抱得更緊。我知道她懂得我所祈求的。

那晚我做了一個相當逼眞的夢。夢裡有七名身著紫衣的女子對我歌唱，歌詞是：

「艾莉兒就排在貝絲後面。」次日早晨醒來，我很確定這是一種預兆。我的靈魂伴侶就在某處，只不過他現在和某個叫貝絲的是一對。

第二天晚上，我有機會再和阿瑪抱一下。這回我悄聲懇求她將我的靈魂伴侶送來，還把我的心願清單唸了一部分給她聽。再一次地，她笑了，把我抱得更緊。

三週之後，我不期然地前往奧勒崗州的波特蘭出差。其中一位和我合作的作者尼克要接受一個重要的電視節目訪談，拍攝地點從洛杉磯的錄影棚移至尼克在波特蘭的家，出版社要我飛過去監督。我是週四下午才接到電話通知，第二天一早就得在波特蘭。我打電話到尼克的辦公室，和他其中一位工作夥伴布萊恩接洽，布萊恩同意次日到機場接我，還很好心地解釋說機場正在整修，他不能到入境大廳找我，所以他告訴我要到航廈外的哪裡找他。

在飛往波特蘭途中，我不尋常地緊張著。一開始我以爲是因爲我正在採行排毒飲食法，已有大約一週只喝些湯湯水水的東西。不過，待會兒我就會明白這種緊張情緒是打哪兒來的了。入境之後，我遵照布萊恩的指示出了航廈，很快找到他。看見他的那一刻，我心想：不知道貝絲是誰？旋即又想：他不是你的型啦，你今天不太對勁。

人生教導我們，
愛不是凝視彼此，
而是朝同一個方向往外望。

——安東尼·聖艾修伯里

我們抵達尼克家時，工作人員正在為訪談做準備。等到可以拍攝了，我坐在房間後面的一小張長凳上，旁邊是布萊恩。我應該專心聽尼克和節目主持人的談話，但卻一直分神，只想去撫摸布萊恩的肩膀。這股衝動強烈到我甚至得把雙手壓在屁股底下坐著才不會亂來！和布萊恩一起坐在長凳上，我很清楚地聽到一個聲音在對我說：就是他了。就是這樣發生了。他就是要和你共度一生的人。而我見到他不過是一小時前的事！

這時，我很確定我精神錯亂了。以前我並沒有幻聽的問題，也不曾有想撫摸一個陌生人肩膀的衝動。這是怎麼回事？訪談結束，燈光一亮，我們雙雙起身，布萊恩轉過頭對我說：「我去機場接你時，你覺不覺得我很眼熟？」我有點意外地說：「我是這樣覺得，你為什麼這麼問？」他說：「因為我最近一直夢到你。」

他說的話讓我吃驚得轉身朝門外走去，想呼吸點新鮮空氣。我一邊走，一邊聽到尼克對布萊恩說：「今天晚上趁艾莉兒去搭飛機前，我們帶她去吃晚餐吧！你可以邀貝絲一起來。」我走到湖邊露台坐下，心想：好極了，還真的有個貝絲，一定是他太太。接著，那個聲音又出現了，它說：別擔心，他們只是兄妹之類的關係。

我不知道這一切代表什麼。我很興奮也很餓，又有不只一點的困惑。那天稍晚，布萊恩和我去吃晚餐，還有尼克、尼克的太太、其他一些人，以及貝絲和貝絲的一位朋友。那是個炎熱的夏夜，餐廳服務慢到無以復加，我們點好餐後等了一輩子還沒上菜。結果，菜都沒上，我就得去趕飛機。尼克要餐廳把我的鱒魚打包，布萊恩在高速公路上狂飆好及時送我去機場。他忙著開車，我一面忙著把鱒魚餵到他嘴裡和我嘴裡，一面說出一些連我都不敢相信是從我口中說出的話，像是：「你知道嗎？我不想生小孩。」布萊恩回應道：「這就是貝絲和我分手的原因。她想結婚生子，我不想。」然後我竟然說：「我一直在找一個和我一起靈修的伴侶。」布萊恩聽了差點開出車道去。（後來我得知他過去三週都夢到我。到機場接我的前一晚，他夢見我們擺出譚崔的男女雙修式。這是指男生盤腿，女生坐在他腿上，雙腳繞到他背後，兩人完完全全地結合，所有脈輪彼此相通。）

我們抵達機場，兩人很快地擁別，我就衝去登機了。在航廈中待機時，我撥電話給我的吠陀占星師馬克．邦尼，言簡意賅地告訴他布萊恩的事，把布萊恩的生辰資料

（我在登機前問出來的）也給了他。一到家，我就聽了馬克的語音留言：「我核對了你倆的命盤，很顯然你們註定是一對。我從沒看過這麼明確的指示，我預測你會嫁給他。」

一週後，尼克和布萊恩一起來到聖地牙哥宣傳尼克的書。尼克演講時，布萊恩和我坐在房間後面，像中學生那樣寫紙條傳來傳去。事情進展神速，布萊恩和我三週後訂婚了，兩個月內他就搬到拉荷雅和我一起住。距離我請求阿瑪助我找到靈魂伴侶恰好一年的那天（正好是我執行本書所述的尋找靈魂伴侶祕訣兩年的高潮），她在成千上萬觀禮者面前為我們舉行印度式婚禮。

我很肯定地知道，在遇見布萊恩之前我所做的準備功課，是今天我們得以在一起的原因。有了之前「愛不對人」的經驗，我才能為這份偉大的愛做好準備。我必須先愛上自己，成為一個心中充滿愛、精神富足、快樂而成功的人，然後才能在能量的層次上與我的靈魂伴侶相互匹配。對布萊恩來說也是一樣的道理，他也有功課要做。在準備好與我共度人生之前，他必須理清頭緒、處理好一段段的感情。

在此我想提出，對你和你的至愛而言，這道理也是一樣的。把它想成一件鉅作吧，比方說，像一齣百老匯歌舞劇那樣。開幕夜的輝煌與閃耀，是之前每一個重要步驟累積起來的成果。在觀眾眼裡，這齣戲看起來可能像變魔術，但你知道這不是一夕之間變出來的，幕後有無數個小時的執著與努力。所以，當你在爲你偉大的愛情故事搭佈景、修劇本、募集完美的卡司時，要知道，你和你的至愛所享有的關係，將反映出一路走來你對經營感情付出的愛、關注和用心。

同時也要知道，即使你很有條理地履行從本書學到的原理和練習活動，你也無法百分之百把一切都掌握在手中。冥冥之中總有一股無形的力量以「直覺」的形式展現，它會引導你、推著你向前，帶領你在過程中的每一步驟享受莫大的樂趣。身而爲人，我們的自由意志決定了一己的選擇、思想、信念和行動；身而爲宇宙的一份子，我們又被神的旨意帶著走。這兩股力量交會的地方，有時便造成我們所謂的不可思議的現象。

把自己準備好，不要執著於時間的問題，盡情享受追尋的過程。

好好愛自己，同時深信偉大的愛就要來臨。

艾莉兒

結語

身為一個學習、力行、教導吸引力法則四十年的人，看到有一本書漂亮地將此一放諸四海皆準的正念法則，轉為可行的眞愛美夢實現計畫，我眞是太興奮了。如果你採取了艾莉兒在此勾勒的方法，你必然已經明白吸引靈魂伴侶的過程可以濃縮成一條簡單的三步驟方程式：第一步是提問，第二步是相信，第三步是接受。

光是你挑選了本書的這個舉動，就暗示著你已經在「提問」了。你對自己想要遇見靈魂伴侶的渴望有相當的自覺，而且你把滿足這個渴望排在第一順位。透過寫下靈魂伴侶清單和製作一張具體呈現理想關係的尋寶圖，你釐清了對你來說很重要的伴侶特質及人格。對於自己要的是什麼，你明確而有力地問了個清楚。現在，你必須相信自己有能力吸引到你想要的。

自從造成風靡的電影《祕密》在二〇〇六年上映以來，為數眾多的民眾都曾對我吐露他們的擔憂，像是：我把《祕密》看了十幾二十遍，不只具體勾勒出夢想的細節，還做了尋寶圖，讓自己清楚看見想獲致的成果，而且懷著要達成目標的意圖每天冥想，但還是沒有得到想要的。不論他們試圖達成的特定目標是什麼（減肥、創業、找到眞愛……），我的回應都一樣：「不要再看DVD了，從沙發上爬起來去行動吧！」

你瞧，「吸引」的英文是attraction，「行動」的英文是action，attraction的後面六個字母正是action，這可不算純屬巧合，而是當中自有道理。光是冥想和觀想還不夠，要在人生的任何一個領域得出成果，我們在身、心、靈各方面都要矢志投入。這意味著採取行動，而一旦採取行動，你才算眞的「相信」。我在四處巡迴演講時，碰到很多自認信念堅定的人，他們往往會對我大肆強調他們的信念有多麼不可動搖：「我相信我具備成功的特質。」「我相信我值得擁有深刻而圓滿的愛。」他們會這麼說。但是，如同我給他們的建議，在此我也要告訴你：除非你正在行動，除非你不時冒險增加機會讓愛走進來，否則你就不算眞的相信靈魂伴侶有朝一日即將到來。我怎麼知道？因爲沒有行動的信念，稱不上信念。

你會因爲害怕把一顆球拋到空中後它將永遠也掉不下來，而不敢把球拋出去嗎？

當然不會。你相信地心引力會讓球安然落回你手裡。這個簡單的例子說明了當你眞的相信，你就會採取行動。「行動」是吸引力法則方程式中不可遺漏的必要部分。事實上，行動有兩種，兩者都會讓你更接近終極目標。

有些行動屬於我所謂的「常理行動」。無論是事業、財富或人際關係，如果你眞的很想在人生的某一塊戰場上獲勝，就要依據常理採取這些行動，投入於這場競賽之中。且容我套用有點粗俗的說法：如果你想釣馬子，就要去有馬子的地方。如果你想遇見和你有共同信仰的女人，最符合常理的行動就是上教堂，而不是泡酒吧。如果你想遇見好男人，最符合常理的行動就是去好男人會去的地方。當然，從事保母工作或住在荒郊野外，也不是不可能邂逅夢中情人，世上總有令人神魂顛倒的郵差吧，可是這畢竟太靠不住了。藉由不時將自己擺在可能遇見理想對象的環境中，你將增加自己的機會，也將增強你對宇宙傳遞的吸引訊息。

另一種行動是我所謂的「直覺行動」。直覺行動是指心裡冒出來的衝動，和「墜入愛河」的目標沒有直接或說得出個道理來的關係。舉例而言，某天早晨你一如往常開車去上班，卻突然想要開下高速公路，到你最愛的咖啡館喝杯咖啡。像這樣的念頭很容易就會被認爲是純屬偶然、毫無意義，因而不被當成一回事。但事實是，你不知道這種衝動從何而來，如果你選擇順從它又將帶你去哪裡。當你腦海裡浮現喝杯咖啡的念頭時，搞不好你未來的太太或丈夫也受到同一種衝動的驅使，正坐在咖啡館中。

在尋覓靈魂伴侶的眞愛之旅中，一旦懂得運用本書勾勒的祕訣，你就等於已將冥冥之中的助力邀請來了。我敢憑著親身經歷以及成千上萬吸引力法則實踐者的心得告訴你，宇宙從不拒絕這樣的邀請。宇宙會賦予你採取某些行動的直覺，藉此牽引你走向伴侶關係。在這整件事情當中，你要做的就是隨著心裡冒出來的直覺行動，即使沒什麼道理可言。要記得，萬事萬物的誕生，無論是人類、銀河系、一棵樹或一段戀情，都是從一個福至心靈的直覺開始。這就是爲什麼你一定要聽從莫名的直覺不可。

解開尋得靈魂伴侶之謎的最後一步，就是讓自己「能夠接受」你所企求的。套用自稱爲「現代亞伯拉罕」的靈修團體的說法，要把自己調整到「接受模式」，我們往往必須將先入爲主的預期拋諸腦後。如果你每遇見一個人就先衡量他「是不是我今生的那個唯一」，那就大大限制了幸福降臨到你人生中的管道。認識新朋友的時候不要好像舉行面試一樣，退一步看，你會發現你心裡和人生中都有很多空間可以享受各種不同型態的人際關係。你可以有一起去打保齡球玩得很開心的朋友，也可以有和你一樣熱愛音樂或藝術的朋友。有的人會逗得你開懷大笑，有的人會和你腦力激盪，讓你充滿巧思與創造力。我的建議是：歡迎所有人的加入吧！當你懂得欣賞每個人為你人生帶來的獨特貢獻，你就啓動了內在的「接受模式」，讓你的內心世界更豐富，從而吸引到更多絕妙的經歷。相反地，如果你的視野狹隘，只接受以「靈魂伴侶」之姿出現的人給予的愛，你就啓動了內在的「封閉模式」，導致你所尋求的愛被排除在外。

就像預期心態會造成侷限，嚴格的時間表也是在對無條件的眞愛設下條件。一如我們所知，愛情是一種依照自己步調發展的東西。我是目標設定論的頭號擁護者，但就連我都明白到事情一旦涉及捉摸不定的人心，針對何時「應該」達成目標而強加設定期限，恐怕只會收到反效果。當然，你急切地想要遇見靈魂伴侶，我跟你保證宇宙可不是為了折磨你才延遲那場命中注定的邂逅。在心急如焚或寂寞難耐的時分，你可能會有宇宙就是在捉弄你的感覺，但這是因為我們有限的眼界使然，我們並不總是能夠以全知的觀點看見完整的眞相。想一想空中定位直升機吧！交通尖峰時刻，直升機盤旋在我們上空，將最新路況傳達給通勤者。打開收音機，播報人員可能會建議一條看似繞遠路的路線，但你不知道的是，改走那條路將避開堵在前頭的車潮，讓你可以更輕易抵達目的地。儘管將你的渴求交給宇宙全知的雙眼吧！就在此刻，冥冥中的那股力量已經在爲你安排最有可能實現夢想的路徑了。而且，因爲宇宙的眼界比你的寬闊許多，它甚至能看見你連想都不敢想的未來。

兔子懷胎兩週就生下寶寶，大象卻要懷胎兩年；不同的夢想在準備好實現之前，各自需要不同長短的籌備期。要相信你有與生俱來的愛人能力，持之以恆地尋覓你所想要的，順著直覺去行動，讓自己接受來自所有可能來源的愛。要相信你埋藏在心中的夢想已經成眞，要知道你在找的那個人也正在找你。

傑克·坎菲爾（Jack Canfield）

愛的曼陀羅

下載愛的曼陀羅圖形，請上：

www.soulmatesecret.com/mandala

衆生系列　JP0053X

愛情的吸引力法則

作　　者／艾莉兒．福特（Arielle Ford）
譯　　者／祁怡瑋
責任編輯／徐煖宜
版面構成／歐陽碧智
封面完稿／周家瑤
業　　務／顏宏紋
印　　刷／韋懋實業有限公司

發 行 人／何飛鵬
事業群總經理／謝至平
總 編 輯／張嘉芳
出　　版／橡樹林文化
城邦文化事業股份有限公司
115 台北市南港區昆陽街 16 號 4 樓
電話：(02)2500-0888　傳眞：(02)25001951
發　　行／英屬蓋曼群島家庭傳媒股份有限公司城邦分公司
115 台北市南港區昆陽街 16 號 8 樓
客服服務專線：(02)25007718；(02)25007719
24 小時傳眞專線：(02)25001990；(02)25001991
服務時間：週一至週五上午 09:30 ～ 12:00；下午 1:30 ～ 17:00
劃撥帳號：19863813；戶名：書虫股份有限公司
讀者服務信箱：service@readingclub.com.tw
城邦讀書花園網址：www.cite.com.tw
香港發行所／城邦（香港）出版集團有限公司
香港九龍土瓜灣土瓜灣道 86 號順聯工業大廈 6 樓 A 室
電話：(852)25086231　傳眞：(852)25789337
E-mail：hkcite@biznetvigator.com
馬新發行所／城邦（馬新）出版集團【Cité (M) Sdn.Bhd. (458372 U)】
41, Jalan Radin Anum, Bandar Baru Sri Petaling,
57000 Kuala Lumpur, Malaysia.
電話：(603)90563833　傳眞：(603)90562833

初版一刷／ 2010 年 8 月
二版二刷／ 2024 年 4 月
ISBN ／ 978-626-95939-1-0
定價／ 300 元

城邦讀書花園
www.cite.com.tw

國家圖書館出版品預行編目資料

愛情的吸引力法則 / 艾莉兒．福特（Arielle Ford）著 .；
祁怡瑋譯 . – 二版 .一臺北市：橡樹林文化，城邦文化
出版：家庭傳媒城邦分公司發行，2022. 04
面； 公分 . --（衆生系列；JP0053X）
譯自：The Soulmate Secret: Manifest the Love of
Your Life with the Law of Attraction
ISBN 978-626-95939-1-0（平裝）

1. 靈修

192.1 111004256